网店客服 实操

崔恒华 编著

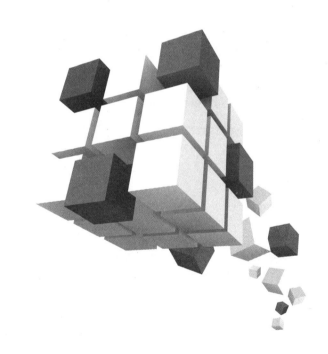

电子工业出版社·
Publishing House of Electronics Industry
北京·BEIJING

内 容 简 介

本书介绍的客户服务方法与技巧都是经过皇冠级网店实战运用并被证明行之有效的，对急需提升管理能力但又异常忙碌的店主及客服来说，每天只需花费很少的时间，就能轻松掌握销售秘诀，给店铺的业绩带来翻天覆地的变化。本书对客服工作流程进行了分解，对客服工作的每个环节、客服应该具备的技能和知识进行了梳理，并添加了客服在接待客户时应用的一些技巧及后期客户的维护管理方法。通过本书的学习，网店客服可以快速、有效地提升个人工作技能，最终提升店铺销售额。

本书基于多位淘宝金冠卖家多年来开店的经验，针对淘宝管理和客服进行了全面、系统的讲解。本书共7章，主要介绍了客服岗前准备、客服销售技能、与客户沟通和解答问题、客服售前打消客户的疑虑、说服客户达成交易、售后的交易纠纷处理、客户关系管理等内容。

本书既适合想在网上开店创业的初学者，包括在校大学生、寻求兼职的人员、自由职业者、小企业管理者、企业白领等不同职业的人阅读；也适合已经开办了网店，想进一步提高各方面技能，获得更大的市场和更多的利润，把网店生意做大、做强的店主选用；还适合网店发展进入瓶颈阶段，正在谋求转型的朋友参考。

图书在版编目（CIP）数据

网店客服实操 / 崔恒华编著. —北京：电子工业出版社，2018.8

（新零售时代电商实战）

ISBN 978-7-121-34817-4

Ⅰ.①网… Ⅱ.①崔… Ⅲ.①电子商务－商业服务 Ⅳ.①F713.36

中国版本图书馆CIP数据核字（2018）第174277号

责任编辑：牛　勇　　　　特约编辑：赵树刚

印　　刷：三河市双峰印刷装订有限公司

装　　订：三河市双峰印刷装订有限公司

出版发行：电子工业出版社

　　　　　北京市海淀区万寿路173信箱　　　　邮编：100036

开　　本：787×980　　1/16　　印张：11.25　　字数：252千字

版　　次：2018年8月第1版

印　　次：2022年12月第10次印刷

定　　价：49.00元

前　言

————————————————

　　如果要问当下什么行业发展最快，那就非电子商务行业莫属了。很多传统企业为了提高销售业绩，都会选择这一渠道；而消费者也可以在电子商务行业中享受到方便、快捷的购物体验。网民数量的持续增长、网民购买力的提升、消费者网上消费习惯的养成，为网络购物奠定了良好的用户基础。个人交易额的快速增长说明网络购物在我国已经得到普及。面对如此诱人的市场，不少人决定在网上开店。

　　随着网店规模的扩大，店主一个人已经无法应付每天的交易，他们开始四处寻找网上客服。于是，一个新的职业——网店客服诞生了。目前，分工专业化经营的网店一般都会聘请几位客服，更有规模大的网店客服队伍已经接近百人。网店客服在一定程度上决定着网店运营的好坏，并进一步影响到网店的存亡。一些网店店主没有意识到客服的重要性，随随便便找一个人从事网店客服工作，结果他们工作不尽职，使得网店的生意越来越差，最终面临倒闭的风险。

本书内容

　　现在网络上与网店客服有关的书籍有很多，但大多数只提及了网店运营的一部分，缺乏系统性，因此，读者很难从中获取到真正的实战价值，也无法运用在实操过程中。本书的主要内容包括：客服岗前准备、客服销售技能、与客户沟通和解答问题、客服售前打消客户的疑虑、说服客户达成交易、售后的交易纠纷处理、客户关系管理等。

本书特色

1. 实战性强

本书从掌握客户心理、进行商品介绍、消除买家顾虑、应对讨价还价、刺激成交、赠送礼品、争取 100% 好评、处理中差评、处理退换货、处理投诉等方面展开讲述。网店客服可以有针对性地进行学习，有效提高自己的工作能力，从而创造出色的业绩。

2．结构清晰，系统性强

本书针对客服工作的重点内容展开讲述，力图将没有工作经验的新手客服培养成金牌客服。本书内容结构清晰，涉及客服工作的每个环节，是网店创业人员、客服及兼职人员的必备实操工具书。

3．经验的精华总结

本书收录的都是作者在网店经营过程中经验的精华总结，涵盖了网店客户服务过程中遇到的许多细节问题。

4．心理分析

本书还从心理方面来帮助客服分析了解客户的心理动态，有助于提高店铺业绩。

5．案例丰富，生动有趣

本书没有采用死板教条式的知识讲解方法，而是通过丰富、具体的案例来证明观点，让读者更容易接受。本书尽量还原实际客服工作中出现的情景，通过情景对话引出每个环节可能用到的沟通技巧，直接呈现沟通过程，以便快速、有效地提升客服的沟通技能。

适合读者

- 电商行业创业者、经营者及管理者。

- 网店客服和兼职人员。

- 其他销售类工作者。

- 电子商务、经济管理等专业的学生。

- 对网店运营有兴趣的其他人士。

在编写本书的过程中，得到了淘宝多个部门"小二"的支持，他们给出了大量专业的建议；同时也获得了淘宝大学多位讲师的帮助，他们贡献的大量心得使得本书在编撰时进行了多次提炼。感谢他们的无私帮助！

参与本书编写的还有孙东云、孙素华、王冬霞、何海霞、孙起云、吕志彬和孙良军，在此一并表示感谢！

目 录

第1章
客服岗前准备

本章指导

　　顾名思义，客服就是以服务性质为主的一类工作，也是连接店铺与客户的一座桥梁，他们的一言一行代表的就是店铺给客户的第一印象，所以每位客服人员都需要有较强的客服意识和良好的服务态度。淘宝店铺掌柜经常忽视的一个环节就是店铺客服，他们认为客服只负责与客户聊天、售后之类的工作，殊不知，客服的询单转化、谈单技巧等都是提升店铺销量的重要因素。

1.1　网店客服岗位概述

在网店经营中，客服是必不可少的角色。因为在电商各岗位中，客服是唯一能够跟客户直接沟通的岗位，这种沟通融合了情感，会给客户带来更好的沟通体验。

1.1.1　网店客服的重要性

随着网络购物的兴起、网店经营的日益火爆，一个全新的职业"网店客服"悄然兴起。网店客服的重要性体现在以下几个方面。

1．提高客户的购物体验

很多商家认为，客服工作很简单，只需要会打字、态度好一点就可以上岗了。其实不然，客服作为一个直接影响客户购物体验的岗位，对于店铺的整体运营具有重要的意义。一位优秀的客服一定是高情商的，他可以从与客户的聊天中察觉到客户的情绪，或安抚、或赞美，总能恰到好处地让客户觉得舒适。

优秀的客服可以提高客户的购物体验。在与客户交流的过程中，客服会耐心地询问、认真地倾听，主动为客户提供帮助，让客户享受良好的购物体验。

2．提高客户对店铺的忠诚度

由于现在网络平台上商品繁杂，客户的搜索浏览成本也越来越高，所以，当客户进入一家店铺以后，只要商品满意、服务贴心，就不会轻易更换到其他店铺购买。因为更换到其他店铺会增加新的购物风险及时间成本，所以，良好的客户服务能有效地提高客户对店铺的忠诚度。

3．提高店铺的销量

客户成交一般有两种方式：一种方式是客户通过阅读商品描述详情页面，对商品有了认知后，在没有咨询客服的情况下直接下单；另一种方式是客户在咨询客服后再下单。通过数据调查发现，一般来说，咨询过客服的客户，其客单价往往比直接下单的客户的客单价要高。

很多客户在购买产品之前，会针对自己不太清楚的内容咨询卖家，或者咨询优惠等。有时候，客户本身对产品不一定有什么疑问，只是想确认一下商品是否与描述的相符，与在线客服的沟通就能打消很多客户的顾虑，促成交易。一位细心、拥有良好专业知识的客服可以帮助客户选择合适的商品，促成购买行为。对于没有及时付款的客户，客服的跟进沟通、催付也是店铺提高转化成交量的保障。

4．增加回头客

当客户在某家店铺里享受了良好的客户服务，完成一次交易后，不仅了解了这家店铺的服务态度，也对店铺的商品和物流等有了切身的体会，当他下次需要购买类似商品的时候，就会倾向于选择这家店铺。

5．改善店铺服务数据

目前，淘宝平台对店铺的服务质量有一系列的评分标准，当店铺评分不符合标准时，就会影响店铺商品在搜索结果中的排名，以及参加活动的资质。所以，商家会尽量保证自己店铺的服务类评分达到或者超过同行业的均值。客服岗位在售前和售后都会与客户有亲密接触，因此，客服质量的优劣就会直接影响到店铺的服务类评分。

如图 1-1 所示，淘宝店铺首页会显示店铺综合评分，客户可以通过店铺综合评分来判断店铺经营的状况，以及各种服务指标。平台也会在后台数据中考核店铺的综合评分，以此来判断店铺是否被广大客户喜欢，是否值得把店铺推荐给客户。

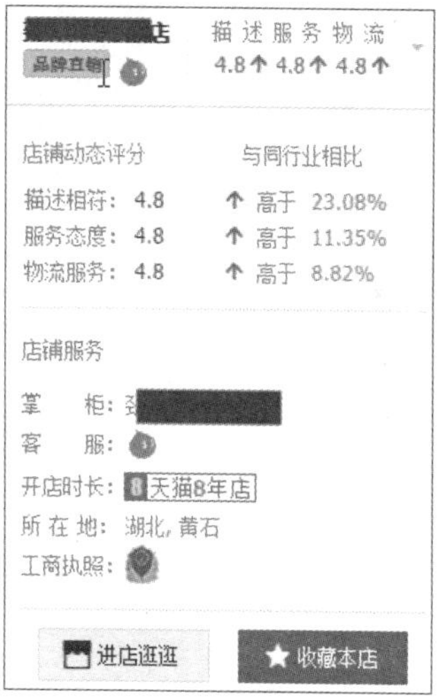

图 1-1　店铺综合评分

6．降低店铺经营风险

在网上开店，每种商品的竞争都很激烈，价格也差别不大，主要差别在于商品的品质，以及服务水平。

商家在开店过程中难免会遇到退换货、退款、交易纠纷、客户投诉、差评、平台处罚，甚至欺诈等经营风险。客服对店铺商品很熟悉，如果能够做到精准推荐，就能有效地控制退换货、退款等情况的发生，还能尽量避免交易纠纷，避免触犯平台规则，店铺也就不会遭到平台的处罚。

1.1.2　网店客服的职责

网店客服是基于互联网的一种客户服务工作，是网络购物发展到一定程度后细分出来的一个工种，对于任何一家企业而言，客户服务都是至关重要的。那么，网店客服有哪些职责呢？

（1）接待客户：每天通过千牛等聊天工具与客户进行线上沟通，或者通过打电话、发邮件等形式与客户进行直接交流、沟通，帮助客户处理遇到的问题。

（2）销售商品：根据自己掌握的商品知识，结合客户的需求，运用适当的销售技巧，做到成功销售，把对的商品卖给对的人。

（3）解决客户问题：从专业的角度为客户解决交易过程中遇到的各方面问题，如商品问题、物流问题、支付问题等。

（4）后台操作：包括交易管理、商品管理、评价管理、会员关系管理，以及举报投诉等付款相关事宜的备注及操作。

如图 1-2 所示为淘宝后台卖家中心，客服在这里可以进行相关操作。

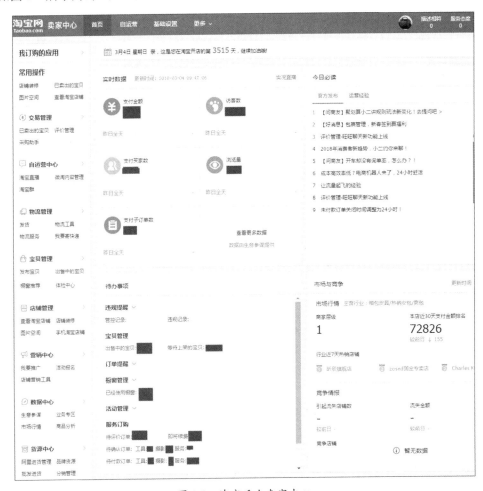

图 1-2　淘宝后台卖家中心

（5）客户信息收集：负责收集客户信息，了解并分析客户需求，为店铺的老客户维护和老客户营销提供可靠的客户信息依据。

（6）问题的收集与反馈：对客户提出的有关商品及店铺服务等方面的意见和建议进行收集整理，并反馈给相关岗位。

（7）定期或不定期进行客户回访，以检查客户关系维护的情况，建立客户档案、质量跟踪记录等售后服务信息管理系统，负责发展和维护良好的客户关系。

为了更好地完成任务，客服还需要完成一些相关的辅助性工作，包括但不限于学习商品知识、完成工作日报、参加相关培训等。

1.1.3　客服岗位与其他岗位的关系

客服是店铺中唯一一个直接与客户产生交互的岗位，其代表了整个店铺的对外形象。但是客户购买行为及购物体验并不完全取决于客服岗位，其他岗位的工作也会对客户的购物体验产生影响。这就需要整个店铺各个岗位的人员协同合作，为向客户提供优质的购物体验而共同努力。客服岗位之间，以及客服岗位与其他岗位之间有着怎样的联系呢？

1. 售前客服与售后客服

售前、售后客服的配合与协作在很大程度上会影响到客户的购物体验。举个例子，当客户收到商品后出现了售后问题，会找购买商品时接待过自己的售前客服，当客户陈述完自己的问题后，售前客服会把客户转接给售后客服。很多售后客服会再次询问客户，让客户把自己遇到的问题再陈述一遍。由于需要再次陈述自己遇到的问题，客户感受自然很不好，从而增加了售后处理的难度。所以，售前、售后客服是相互协作的岗位，只有合理设置售前、售后客服岗位之间的交接流程，以及明确权责划分，才能给客户带来更好的购物体验。

2. 客服与运营

客服岗位除具有销售和服务功能以外，还要为全店运营服务。客服是全店唯一能与客户直接交流的岗位，店铺中对客户信息的收集、问题的反馈、建议的整理等都是由客服岗位来完成的，而这些信息又为全店运营提供了重要依据，因此，客服岗位和运营岗位之间经常有信息的交流和反馈，这样也更有利于运营岗位对店铺的整体运营方案做出调整。

3. 客服与推广、活动

在店铺中，推广和活动岗位是负责引流的，而客服岗位则负责流量的询单转化，所以客服岗位和推广、活动岗位之间有着千丝万缕的联系。客服的转化在一定程度上可以反映出流量的精准程度，也能反映出活动设置是否合理、是否易于操作、是否有助于提升客户的购物体验。

4. 客服与美工

客服和美工之间有很多问题可以交流，比如色差问题。通常客服会向客户解释由于拍照光线及显示器的参数设置不同，很难保证实物与图片完全没有色差。但是当店内的某件商品多次被多位客户提出实物与图片色差严重时，客服就应该向美工岗位的人员进行反馈，检查在拍照或者修图时是否造成了比较严重的色差问题，看看是否可以调整。如果不能调整，客服就要注意在推荐商品时如实向客户描述商品的色差问题。

5. 客服与仓储

客服和仓储岗位也是有很多交集的，店铺中所出售的商品将由仓储人员进行打包、发货。有时客户对订单有特殊要求，客服要及时与仓储人员沟通，通常采取订单备注的方式。客服在进行订单备注时，要把需要仓储人员注意的信息备注在靠前的位置。当包裹出现缺件、少件、延迟发货的情况时，客服也要及时与仓储人员沟通，确认包裹情况，及时帮助客户解决问题。

6. 客服与快递

虽然快递不是店铺中的一个岗位，但是因为快递是店铺与客户之间的纽带，而店铺和快递的联系又更加紧密，所以快递服务的好坏也会直接影响到客户的购物体验。当客户与快递之间出现问题时，客服需要主动与快递取得联系，尽量帮助客户解决快递问题，以保证客户顺利地收到包裹；同时也要协调客户与快递之间的关系，避免双方矛盾激化。

1.2　网店客服需具备的知识

网店客服只具备基本的工作技能是远远不能满足其工作需求的。作为一名合格的网店客服，还需要具备更加丰富的知识储备，以及熟练的操作技能。

1.2.1　平台认识

为什么客服需要对平台有所了解呢？这是因为在沟通过程中，客户也会咨询一些关于平台的问题，比如店铺内部的活动、店铺参与的平台活动、活动商品在哪里展示、什么人可以享受活动价格、平台有哪些功能及如何使用等。客服对平台越了解，对店铺商品展示的位置就越清楚，也就能够更迅速地帮助客户找到适合的商品。

淘宝网为广大卖家提供了交易平台，免去了现实中房租等资金支出，同时利用网络支付等方式避免了现金的交易，使得交易更为简捷、方便。淘宝网成立伊始，就坚持认为中国当前的市场还不成熟，消费者无法接受收费服务，于是全面推广免费策略，在极短的时间内就吸引了巨大的客户群体，市场扩张迅速。

淘宝网是中国深受欢迎的网络购物平台之一，拥有超过 5 亿名注册用户，每天有超过 6000 万名固定访客，每天的在线商品数超过 8 亿件。淘宝网首页如图 1-3 所示。

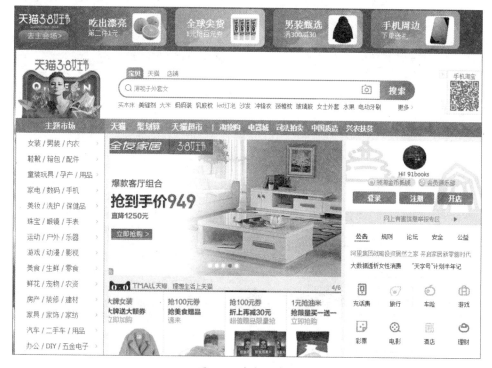

图 1-3　淘宝网首页

1.2.2　平台规则

如今是电子商务时代，网络如此发达，越来越多的人选择在网上购物，于是很多人想要通过做电商赚钱。但是，不管在哪个电商平台上开店，都是有要求的，我们只有了解其规则和要求，做好充分的准备，才能顺利开店。店铺在运营的过程中，首先要遵守国家法律法规，其次要遵守平台规则。

平台规则起到规范平台用户行为、维护买卖双方利益的作用。在客服的日常工作中，经常用到的与规则相关的网址如下。

淘宝网规则中心：http://rule.taobao.com/index.htm，首页如图 1-4 所示。

图 1-4　淘宝网规则中心首页

天猫规则中心：http://guize.tmall.com/，首页如图 1-5 所示。

图 1-5　天猫规则中心首页

支付宝服务大厅：http://cshall.alipay.com/hall/index.htm，首页如图 1-6 所示。

规则中心和服务大厅都具有搜索功能，也就是说，在输入问题后，会根据问题的关键词来显示相关的答案。这个功能对于客服和商家来说都是很有用的。如图 1-7 所示，在淘宝网规则中心首页的搜索栏中输入"运费"，就可以搜索到所有和运费相关的规则内容，如图 1-8 所示。

图1-6　支付宝服务大厅首页

图1-7　搜索"运费"

图1-8　"运费"搜索结果

遵守规则对于店铺的日常运营是非常重要的，一旦违规，店铺就会被扣分、处罚，在一定期限内被限制发布商品、屏蔽店铺、限制交易、限制参加平台营销活动，更严重的会被查封账户。因此，客服在上岗前一定要对平台规则进行学习，必要时可以制作成文档，以便在工作中随时查询。

1.2.3　商品专业知识

客服应该对商品的种类、材质、尺寸、用途、注意事项等都有所了解，最好对行业的有关知识，以及商品的使用方法、洗涤方法、修理方法等也有基本的了解。

比如，客户在网上购买服装时，通常会担心所选的服装不适合自己，穿上之后达不到自己想要的效果。客服需要利用自己对服装的品牌、款型、价格、质地等各类知识的灵活掌握，随问随答。在给客户提供信息时，简略、突出重点是最重要的。

不同的商品可能只适合部分人群，比如化妆品，有一个肤质的问题，不同的肤质在选择化妆品上会有很大的差别；又如内衣，不同的年龄、生活习惯及需要，适合不同的内衣款式；还有玩具，有些玩具不适合太小的婴儿。客服对这些情况都需要有基本的了解。

1.2.4　付款知识

现在网上交易一般采用支付宝和银行付款两种方式。银行付款方式一般建议用银行转账，可以是网上银行付款、柜台汇款，工商银行同城可以通过 ATM 完成汇款。在告知客户汇款方式时，应详细说明是哪种银行卡或存折、银行卡或存折的号码，以及收款人姓名。

客服应该建议客户尽量采用支付宝付款方式完成交易。如果客户因为各种原因拒绝使用支付宝交易，则需要判断客户是确实不方便还是有其他的考虑。如果客户有其他的考虑，则应该尽可能地打消客户的顾虑，促成支付宝交易；如果客户确实不方便，则应该问客户他所熟悉的银行，然后提供相应的银行账户，并提醒客户付款后及时通知客服。

1.2.5　物流知识

客服还应该了解下面的一些物流知识。

（1）了解不同物流方式的运作方式。

- 邮寄：邮寄分为平邮（国内普通包裹）、快邮（国内快递包裹）、EMS，最好还要了解国际邮包（包括空运、陆路、水路）。
- 快递：快递分为航空快递包裹和汽车运输快递包裹。
- 货运：货运分汽车运输和铁路运输等。

（2）了解不同物流方式的价格，包括如何计价、价格的还价余地等。

（3）了解不同物流方式的速度。

（4）了解不同物流方式的联系方式，可以在手边准备一份各家物流公司的电话清单；了解如何查询各种物流方式的网点情况；了解快递公司的联系方式、邮政编码、邮费查询。

（5）了解不同物流方式应如何办理查询。

（6）了解不同物流方式的包裹撤回、地址更改、状态查询、保价、问题件退回、代收货款、索赔的处理等信息。

1.3　客服岗位操作技能

客服的一项很重要的工作职责就是帮助客户顺利地完成交易。因此，在交易过程中，客服需要运用平台提供的沟通工具与客户进行沟通，帮助客户选择商品，回答客户的问题。此外，客服还需要帮助客户修改价格、备注留言等。所以，熟练使用聊天工具、进行后台操作是客服必备的工作技能。

1.3.1　电脑版千牛工具的使用

千牛是客服使用的最重要的工具。千牛不仅具有聊天接单功能，而且具有强大的操作功能。通过千牛，客服可以进行交易管理、商品管理、评价管理、物流管理等操作。

淘宝网店的客服必须通过千牛与客户交流，因为千牛的功能多，便于使用，而且最重要的是千牛聊天记录是淘宝网在处理买卖双方纠纷时官方认可的申诉证据之一。

千牛有电脑版和手机版两个版本，功能基本一致，只是界面和使用场景有一些区别，下面将一一介绍。

电脑版千牛是安装在台式电脑或者笔记本电脑上的，功能很强大，可以完成店铺管理、商品管理、订单处理及与客户交流等工作。

1. 下载与安装

在淘宝网首页的右上角单击"网站导航",再单击"旺信"进入下载页面,如图 1-9 所示。选择"我是卖家",如图 1-10 所示。在打开的页面中单击"下载千牛",如图 1-11 所示。在这里单击"电脑客户端下载",如图 1-12 所示。选择是安装 Windows 版,还是安装 Mac Beta 版,如图 1-13 所示。接下来根据页面提示进行安装即可。安装好后运行千牛,用淘宝网用户名登录,就可以进入电脑版千牛了。

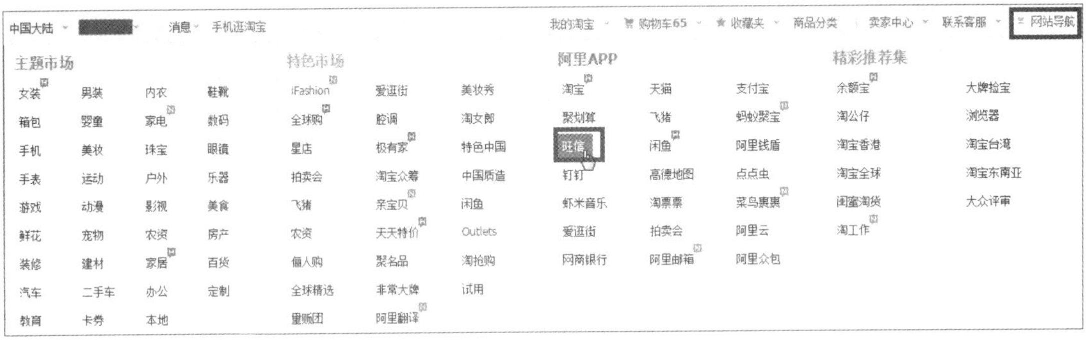

图 1-9　单击"旺信"

图 1-10　选择"我是卖家"

图 1-11　单击"下载千牛"

图 1-12　单击"电脑客户端下载"

图 1-13　选择是安装 Windows 版，还是安装 Mac Beta 版

2. 功能介绍

电脑版千牛的工作台由三部分组成：桌面工具条、接待中心和插件首页。

桌面工具条如图 1-14 所示，右上角的"三"字样是千牛的设置按钮，单击此按钮可对千牛的基本功能进行设置，包括基本设置、消息中心设置、聊天设置、个性设置、安全设置、客服设置。

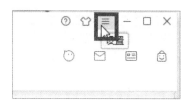

图 1-14　桌面工具条

如图 1-15 所示为个性设置中的快捷键设置，通过设置常用功能的快捷键，能加快调出常用功能的速度，提高工作效率。

图 1-15　快捷键设置

如图 1-16 所示为客服设置中的自动回复设置，可以添加自动回复，并设置使用自动回复的场景。利用此功能可以缩短客服的首次响应时长，第一时间通知客户需要注意的事项等。

如图 1-17 所示为千牛桌面工具条上的几个按钮，从左至右依次为接待中心、消息中心、千牛头条和服务市场。

图 1-16　自动回复设置

图 1-17　千牛桌面工具条上的按钮

单击"接待中心"按钮后，弹出"接待中心"界面，客服在这里主要完成与客户沟通的工作。

如图 1-18 所示，"接待中心"界面最左侧一行按钮从左至右分别是正在联系的联系人消息、最近联系、我的好友、我的群和我的团队。这些按钮可以方便客服有针对性地找到联系人。

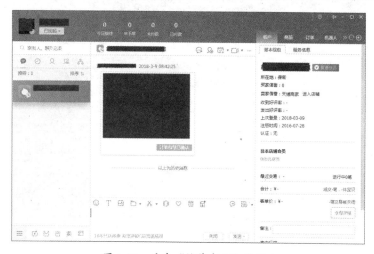

图 1-18　千牛"接待中心"界面 1

如图 1-19 所示，该位置显示的是正在与客服聊天或者客服主动查找到的联系人，可以看到联系人的旺旺 ID，可以按照联系时间及等待分钟进行排序，还可以通过联系人添加标记将该联系人的对话置顶，以此来提醒客服与该联系人之间有未完结事宜。

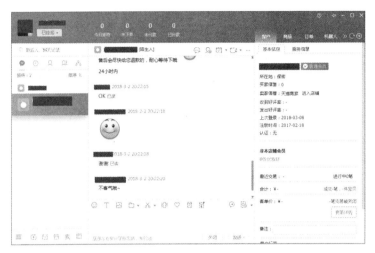

图 1-19 千牛"接待中心"界面 2

如图 1-20 所示，"接待中心"界面上方的按钮从左至右分别为转发消息给团队成员（开通旺旺 E 客服功能后可见）、加为我的好友（添加好友后，此按钮的功能会转变为邀请好友参加多人聊天）、新建任务、视频聊天、更多。

图 1-20 千牛"接待中心"界面 3

- 单击"新建任务"按钮，会打开添加任务窗口，可以添加与客户相关的任务，该任务会在千牛工作台待办事宜模块中有提醒显示，并且团队中其他子账号在相同位置也有显示，可以单击查询。单击"新建任务"按钮右侧的下三角箭头，还可以查询历史任务。
- 当聊天对象还不是好友时，可以单击"加为我的好友"按钮进行添加好友的操作。互加好友后，该按钮的功能会转变成邀请好友参加多人聊天。

- 单击"视频聊天"按钮右侧的下三角箭头，可以与当前聊天对象进行语音聊天或者视频聊天，也可以选择不接受语音、视频聊天请求。
- 当开通旺旺 E 客服功能后，"转发消息给团队成员"按钮就会显示在如图 1-21 所示的位置。当需要把客户交接给团队内的其他客服接待时，可以使用该功能。

图 1-21　转发消息给团队成员

如图 1-22 所示，聊天窗口中间分隔栏上的功能按钮从左至右分别为选择表情、设置字体、发送图片、发送文件、屏幕截图、发送震屏、提醒客服评价、计算器、发红包。

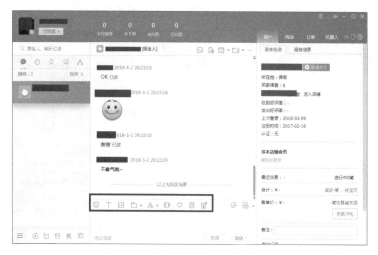

图 1-22　千牛"接待中心"界面 4

- 单击"选择表情"按钮，弹出旺旺系统表情，如图 1-23 所示。建议客服在与客户沟通时合理运用表情，创造和谐、轻松的聊天氛围。
- 合理设置字体、字号及颜色，让聊天窗口中客服的话语与客户的话语有所区分。但也要注意，尽量避免使用红色等夸张的颜色，以免让客户反感。
- "发送图片"和"屏幕截图"功能可以在向客户确认某些信息时使用。
- "发送震屏"功能是在提醒客户注意时使用的，但是很容易给客户造成困扰，使客户反感，所以不建议客服使用。

- "提醒客服评价"功能用于提醒客户为客服的服务打分。
- 单击"计算器"按钮可以直接调出电脑系统自带的计算器。
- 单击"发红包"按钮可以给客户发红包。使用这个功能需要支付宝账户授权。

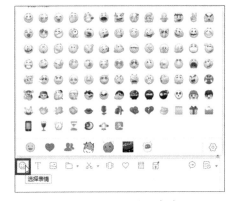

图 1-23　旺旺系统表情

如图 1-24 所示,单击"快捷短语"按钮,右侧会显示快捷短语视窗,在这里可以进行快捷短语的创建、编辑、导入、导出及分组等操作。设置快捷短语是为了提高客服的工作效率、减少出错、缩短客户的等待时长。因此,客服在上岗前,需要按照店铺要求统一设置快捷短语。

如图 1-25 所示,单击"查看消息记录"按钮右侧的下三角箭头,可以查看与当前聊天对象的聊天记录;也可以选择查看在线聊天记录,查看团队内的其他客服与客户的聊天记录。

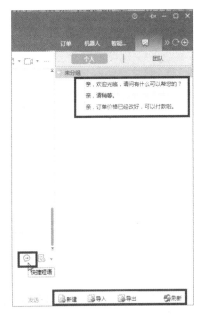

图 1-24　快捷短语设置

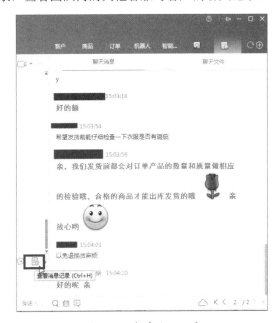

图 1-25　查看聊天记录

在"接待中心"界面右侧的区域可以显示已经使用的插件。

如图 1-26 所示,单击"客户"插件,可以显示当前正在沟通的客户的个人基本信息,可以查看客户所在的地区、平台信用级别、天猫会员级别,以及是否是店铺的会员、是否有店内优惠券等信息。

图 1-26　查看客户信息

如图 1-27 所示，单击"商品"插件，可以显示客户浏览过的商品，以及与客户购买习惯相关的店内其他商品。

图 1-27　查看商品信息

单击"订单"插件，可以显示已有的交易订单，并且可以很方便地进行给订单添加备注、给客户留言、查看客户的收件地址及发货等操作。

1.3.2 手机版千牛工具的使用

手机版千牛工具的功能很丰富，也很便于使用。在手机中安装了手机版千牛，就可以随时随地查看店铺状态、处理订单，以及与客户进行沟通。

1. 下载与安装

在淘宝网的右上角单击"网站导航"，再单击"旺信"进入下载页面，选择"我是卖家"，单击"下载千牛"，再选择"手机客户端下载"，扫描图片中的二维码进行下载及安装，如图 1-28 所示。下载并安装手机版千牛以后，用自己的淘宝网用户名进行登录即可，如图 1-29 所示。

图 1-28　下载手机版千牛

图 1-29　登录手机版千牛

2. 功能介绍

手机版千牛与电脑版千牛的主要功能基本一致，只是手机端界面与电脑端界面不同，下面通过图片举例说明。

如图 1-30 所示，手机版千牛首页下方的按钮从左至右分别是工作台、消息、问答、头条和我的。

手机版千牛工作台上有店铺数据及各种插件，插件名称和功能与电脑端同步，如图 1-31 所示。

手机版千牛的"消息中心"可以接收到各种消息，其功能相当于电脑版千牛的"接待中心"，在这里可以随时和客户交流，进行收发消息、发送商品链接等操作，如图 1-32 所示。

图 1-30　手机版千牛首页

图 1-31　手机版千牛的"工作台"

图 1-32　手机版千牛的"消息中心"

手机版千牛的"问答"如图 1-33 所示。

手机版千牛的"头条"如图 1-34 所示。

手机版千牛的"我的"相当于设置中心，在这里可以通过单击各个选项进入各个界面，还可以对手机版千牛进行设置，如图 1-35 所示。

图 1-33　手机版千牛的"问答"

图 1-34　手机版千牛的"头条"

图 1-35　手机版千牛的"我的"

1.3.3　淘宝助理

淘宝助理是一款功能强大的客户端工具软件，它提供了一个方便的管理界面，可以帮助商家快速创建新商品、离线编辑商品信息、上传和下载商品进行管理、批量打印快递单、批量发货和进行好评。如图 1-36 所示为淘宝助理首页。

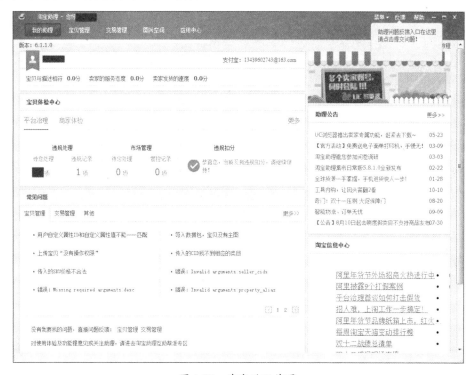

图 1-36　淘宝助理首页

淘宝助理是一个非常方便的管理工具，因为淘宝网为其开放了专门的数据接口，因此，它不仅可以与平台的升级变化同步更新，而且可以及时地反映出商家的后台管理数据，以确保数据对接的准确性。

1．新建宝贝

在新建宝贝之前，选择"创建宝贝"下面的"新建空白宝贝"栏目，如图 1-37 所示。先填写宝贝"基本信息"编辑页面上的每个选项，再单击"宝贝描述"标签继续编辑，编辑完成后单击"保存"按钮，上面的列表中就出现了刚才新建的宝贝。

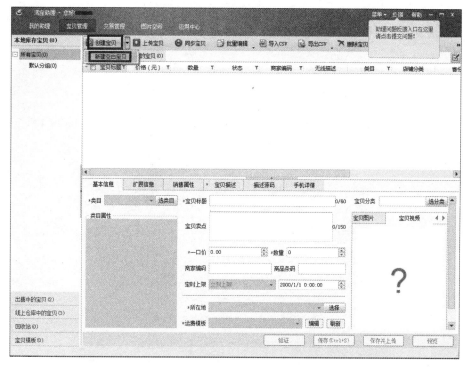

图 1-37　新建宝贝

2．淘宝数据的导入与导出

为了方便用户备份或转移数据，淘宝助理提供了导入和导出数据的功能。导出数据的操作步骤如下。

（1）在宝贝列表中选择要导出的宝贝，单击顶部的"导出 CSV"按钮，如图 1-38 所示。

（2）弹出"保存"对话框，选择相应的保存位置，单击"保存"按钮，如图 1-39 所示，即可保存数据，如图 1-40 所示。保存成功后，会生成一个 .csv 文件和一个同名目录。

导入数据的操作步骤如下。

（1）启动淘宝助理，单击"导入 CSV"按钮，如图 1-41 所示。

（2）弹出"打开文件"对话框，选择相应的文件，单击"打开"按钮，如图 1-42 所示，即可导入数据。

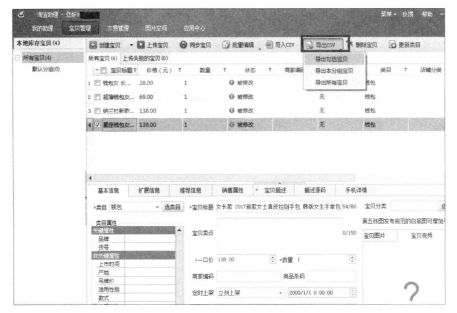

图 1-38 单击"导出 CSV"按钮

图 1-39 "保存"对话框

图 1-40 成功保存数据

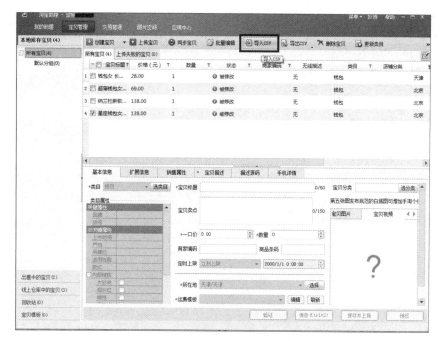

图 1-41　单击"导入 CSV"按钮

图 1-42　"打开文件"对话框

3．批量编辑宝贝

首先选中要批量编辑的宝贝，然后单击"批量编辑"按钮，在下拉列表中有可以批量编辑的各种信息，如图 1-43 所示。

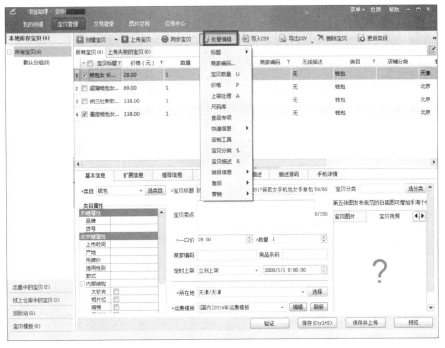

图 1-43　批量编辑宝贝

如果要修改单个宝贝，则在单击需要修改的宝贝后，在下方基本信息处进行修改即可。

1.3.4　后台操作

对于卖家来说，后台就是淘宝网的卖家中心，卖家所有关于店铺经营的操作都可以在卖家中心里完成。客服需要掌握卖家中心里的一些和交易相关的功能。

卖家中心首页如图 1-44 所示。卖家中心首页包括左侧的应用导航栏，以及店铺的基础数据、公告提醒、待办事宜和一些信息类模块，方便卖家随时关注店铺状况。卖家可以根据自己的需要添加模块。

如图 1-45 所示，卖家中心首页上方的导航栏从左至右分别是卖家中心首页、自运营、基础设置、规则中心、安全中心、服务中心、卖家论坛、淘宝大学、问题反馈。通过导航栏可以进入相应的页面。

淘宝店铺管理平台提供了宝贝管理功能，在宝贝管理页面中，可以对商品信息进行修改，也可以将商品下架，还可以对商品进行推荐。橱窗推荐宝贝会集中在宝贝列表页面的橱窗推荐中显示，每位卖家可以根据信用级别与销售情况获得不同数量的橱窗推荐位。合理利用这些橱窗推荐位，将大大提高卖家宝贝的点击率。

图 1-44　卖家中心首页

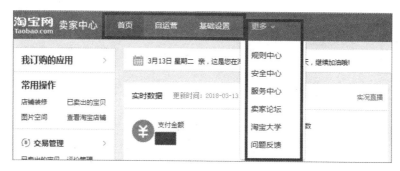

图 1-45　卖家中心首页上方的导航栏

店铺宝贝管理的操作步骤如下。

（1）登录我的淘宝，单击顶部的"卖家中心"链接，进入卖家中心，单击"宝贝管理"下面的"出售中的宝贝"链接，如图 1-46 所示，打开"出售中的宝贝"页面，如图 1-47 所示。

图 1-46　单击"出售中的宝贝"链接

图 1-47 "出售中的宝贝"页面

（2）单击选择宝贝，单击"下架"链接，如图 1-48 所示，即可成功下架宝贝，如图 1-49 所示。

图 1-48 单击"下架"链接

图 1-49 成功下架宝贝

（3）单击宝贝右边的"编辑宝贝"链接，如图 1-50 所示，即可打开发布宝贝时的页面进行编辑，如图 1-51 所示。

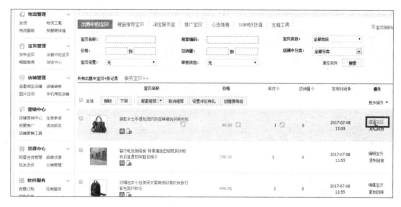

图 1-50　单击"编辑宝贝"链接

图 1-51　编辑宝贝

（4）打开"出售中的宝贝"页面，单击"橱窗推荐"链接，选择相应的宝贝，如图 1-52 所示。

图 1-52　选择宝贝

（5）单击"橱窗设置"链接，即可成功设置橱窗推荐位，如图 1-53 所示。

图 1-53　设置橱窗推荐位

1.4　习题

一、填空题

1. 在网店经营中，_____ 是必不可少的角色。因为在电商各岗位中，_____ 是唯一能够跟客户直接沟通的岗位，这种沟通融合了情感，会给客户带来更好的沟通体验。

2. 客户成交一般有两种方式：一种方式是客户通过阅读商品描述详情页面，对商品有了认知后，_____；另一种是_____。通过数据调查发现，一般来说，咨询过客服的客户，其客单价往往比直接下单的客户的客单价要高。

3. 淘宝网为广大卖家提供了交易平台，免去了现实中房租等资金支出，同时利用 _____ 支付等方式避免了 _____ 的交易，使得交易更为简捷、方便。

4. 淘宝店铺管理平台提供了宝贝管理功能，在宝贝管理页面中，可以对商品信息进行 _____，也可以将商品 _____，还可以对商品进行 _____。

二、简答题

1. 淘宝客服岗位有哪些职责？

2. 客服岗位与其他岗位有什么关系？

3. 客服需具备哪些知识？

4. 手机版千牛工具的使用方法是什么？

5. 什么是淘宝助理？

第 2 章
客服销售技能

本章指导

在网络交易过程中，客户和卖家无法实现面对面交易，使得买卖双方无法看到彼此的表情、肢体语言等，更无法听出对方的表达语气。在整个交易过程中，买卖双方只能通过文字、聊天表情来表述彼此的想法、需求等，这就对在线客服的语言沟通能力提出了较高的要求。一位具有专业知识和良好销售技巧的客服可以帮助客户选择合适的商品，促成客户的购买行为，从而提高店铺成交率。

2.1　接待客户

接待客户是客服的主要工作，也是最重要的工作。在与客户的沟通中，客服获取客户需求，从而进行精准推荐，最终促成订单。

2.1.1　迎接问好，及时回复

迎接问好是在线客服在接待客户时的第一个工作流程。可能会有一部分客服认为，迎接问好就是简单地打招呼，非常容易做到；然而，在网络销售中，迎接问好却有着很深的学问。

当客户前来咨询时，先来一句："您好，我是客服 **，很高兴为您服务，请问有什么可以效劳呢？"诚心诚意，让客户有一种亲切的感觉，如图 2-1 所示。不能只回复一个字"在"，让客户感觉你很忙，根本没空理他，太冷漠了；也不能客户问一句，你答一句。可以运用幽默的话语、动态表情来增添交谈的气氛，让客户感受到客服的热情和亲切，增加对店铺的好感，这对促成交易有很大的帮助。

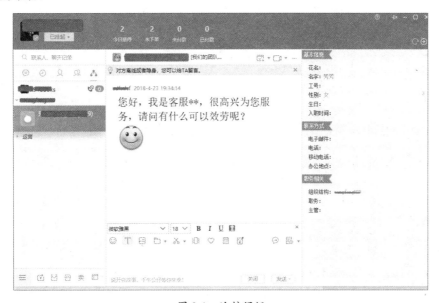

图 2-1　迎接问好

要在客户前来咨询的第一时间回复客户，因为客户买东西都会货比三家，可能会同时跟几家联系，这时候谁第一时间回复，谁就占了先机。在迎接问好的过程中，回复时间的快慢将会直接决定客户停留与否。如果因为在线客服长时间不能响应而使得客户被迫另选商家，那么，无论客户的来源是否付出了推广成本，对于一家网店来说，都是很大的损失。

在迎接问好阶段还要强调一下二次问候。客户很可能同时咨询多个卖家，或者因为工作忙而中断了聊天，这时在线客服不能坐以待毙，而要主动进行二次问候。二次问候不再是简单的"你是谁""在不在"这样的话语，而应该起到友情提醒和引导式的作用，让客户再次和我们沟通。

下面是常见的迎接问好的语言。

"亲，您好，非常高兴为您服务，有什么可以为您效劳的呢？"如图 2-2 所示。

图 2-2　迎接问好的语言

"亲，您看中的这款宝贝是有现货的，现在全场做活动，满 ×× 元有活动，您看一下。"

"您好，欢迎光临本小店，请问您看中了哪些宝贝？我可以帮您介绍一下，我是客服 **。"

2.1.2　疑问解答

无论是在实体销售还是在网络销售的过程中，客户都会对商品及服务提出一些疑问，这些疑问无法避免，客服要做的就是打消客户的疑虑、解决客户的问题。在实体销售过程中，促销员可以与客户面对面进行交流，直接对实物进行演示、讲解等；而在网络销售过程中，在线客服只能通过文字表述来解答客户的疑问，这不仅需要在线客服对客户提出的疑问进行一一解答，而且需要解答的过程力争耗时最短，回答最正确、有效，同时更需要对商品、物流等相关信息有全面的认知和了解。

成功的在线客服会对客户做到有问必答，在解答客户所提出的疑问时会存在一定的引导成分，同时也可以从客户提出的疑问中听出客户内心里的其他想法。

下面是常见的解答疑问的语言。

"我们的产品质量很好，是实拍图，请放心购买！"

"我们的产品都是专柜正品,质量没有问题,而且小店已加入假一赔三、7 天无条件退换等服务,所以亲尽可放心购买。"

"您好，请放心，我们的产品质量是有保证的，我们的承诺是到货一周内无理由包退换。"

"亲，我们的产品都是支持专柜验货的，而且可以 7 天无理由退换货，您完全可以放心。"如图 2-3 所示。

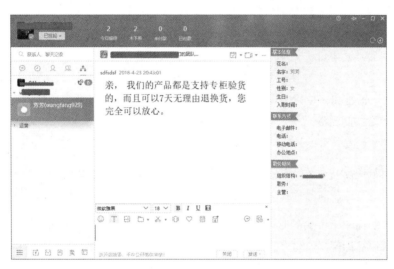

图 2-3　解答疑问的语言

2.1.3　商品推荐

一般情况下,客户咨询客服并成功购买商品后,这次交易就结束了。但是还有一些有心的客服,他们在了解清楚客户的需求后，会根据客户确定购买的东西，去分析一下这位客户还有哪些自己没有想到的需求，然后去询问客户。通常情况下，客户会再选择一些关联商品。通过商品推荐可以帮助客户快速锁定所需商品，提高服务效率，促进成交；也可以利用关联销售技巧，关联更多客户所需的商品，提高客单价。

这个环节中的在线客服大致分为 3 种类型：忽略推荐、盲目推荐和善于推荐。

（1）忽略推荐的在线客服在工作流程中了解到客户需求，但因缺乏销售技巧，整个推荐过程显得简单、机械和生硬，无法做到真正提高交易转化率，让客户感觉存在硬性推荐嫌疑，客户心里会产生抵触甚至反感，进而出现跳失，还不如顺从客户的想法，直接进行有效答疑更为稳妥，慢慢地就忽略了商品推荐这样一个重要的流程。

（2）盲目推荐的在线客服同样因为工作技巧不得法，经过一系列推荐过程后，客户依然我行我素，只买自己需要的。不过这些在线客服有着坚持不懈的工作心态，依然要保证服务流程的完整性，不懈地进行推荐，而不去寻找失败的根本原因。

（3）善于推荐的在线客服可谓优秀的在线客服，他们绝对不会忽视这个更有利于提高交易转化率和快速提升客单价的过程。这些在线客服成功的秘诀在于，在与客户的沟通中，能够真正领悟到客户所需，加上平日积累的销售技巧，形成一个完整的闭环，不仅提升了客单价，而且大大降低了店铺的运营成本。

想要更好地提升客单价、提高店铺的营业额，在线客服还需要做的就是关联销售，也叫连带销售，其本质就是在交易双方互利互益的基础上，将店铺中与客户所购买商品具有关联性的商品销售给客户，实现销量和客单价的提升。关联销售除了可以提升客单价，还可以提高交易转化率、降低推广成本、增加商品曝光率，以及测试商品等。所以，面对这一环节，一位优秀的在线客服绝不会掉以轻心和轻易放弃。

当客户询问某件商品时，如果店里正好缺货，那么可以根据商品的特性向客户推荐其他商品，不要说本店暂时没有这款商品而让客户遗憾离开。

当客户拍下商品前来咨询的时候，客服可以顺势推荐其他商品，同时推荐其他商品可以享有的优惠。以护肤产品为例，当客户购买了一套护肤品以后，可以看看客户订单里的品种是否齐全、搭配方式是否合理，然后询问客户问题，比如，现在使用的是什么护肤类的产品？如果客户平常没有卸妆意识，那么可以向她推荐一些卸妆产品，并告诉她卸妆的好处。

2.1.4　促成订单

客户能否快速下单对店铺的影响也很大。从店铺营销方面来讲，卖家应该想方设法让客户减少思考的时间，快速做出决定。对于这个问题，可以从客户的心理下手，因为在心理学中有很多让人快速下决定的方法，这些方法都可以运用到店铺营销上。

在促成订单流程中，客服经常会遇到客户议价、索取赠品、产品真伪识别等情况；同时，店铺是否拥有完善的售后服务保障制度和安全快速的物流运输体系等方面，也是在此流程中客户所普遍关注的。产品品质、售后服务保障及物流运输等方面是在前期采购、运营过程中就已经确定和设立完成的，在交易流程中不宜随意更改或根本无法更改，仅需要在线客服快速、有效地给予客户正确回答即可。相比较而言，在促成订单流程中，议价更显复杂、不易于处理，因为在议价过程中，交易双方轻易不会亮出底牌，需要在沟通中不断试探性地来明确对方能够接受或承受的价位，才便于促成订单。

在促成订单的最后环节，在线客服还可以就客户对物流运输产生的疑虑加以明确，告知客户自家店铺与多家物流公司合作，在条件允许的情况下，可以按照客户的喜好来优先选择物流。还可以告知客户所选物流运输时效的大致说明，不要把物流时效承诺说得太死，防止后续因特殊原因造成物流不能在双方规定的时间内到达而产生不必要的麻烦。毕竟在整个交易过程中，物流是交易双方都无法把控的一个环节。

下面是促成订单时常用的语言。

"亲，查看到您拍下的订单还没有付款，在付款过程中遇到问题可以随时向我们的客服咨询！付款后好尽快为您安排优先打包。"如图 2-4 所示。

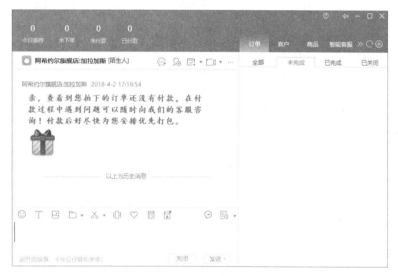

图 2-4　促成订单的语言

"这款是我们的镇店之宝，评价和销量都非常不错。而且这款产品的库存也不多了，喜欢的话要抓紧购买，不然没货了。"

"这款产品的销量很好，我们也不能保证一直有货，需要的话还请您尽快决定。"

"亲，如果您现在购买，还可以获得 ×× 礼品。活动期间才有这样的优惠……否则会很可惜的。"

2.1.5　确认订单

经过客服的用心接待，当客户拍下订单以后，客服应该与客户核对订单信息。有些客服会忽略这个动作，认为客户已经下了订单，没必要再多做服务，似乎销售目的已经达成。其实，确认订单可以避免很多售后问题。为了体现在线客服在销售过程中全面、周到的服务，避免出现不必要的售后问题，在线客服需要对每笔付款订单进行再次确认。如图2-5所示为订单确认信息。

图 2-5　订单确认信息

确认订单这个环节有两个重要的作用。

（1）减少因地址错误而产生的拒收情况。很多客户有不止一个收货地址，很可能由于时间仓促选择了错误的收货地址。如果系统默认地址是单位地址，而客服没有跟客户核对，那么很有可能会因地址错误而导致无人签收。如果客服能够跟客户核对一下收货地址，就会大大减少这种出错概率。

（2）这有可能是商家举办的促销活动，价格优惠的商品库存不多，客户拍的时候都比较急，经常会选错尺码、颜色、商品数量，这时候核对订单信息就非常有必要了。

应该核对的订单信息有客户购买的商品是什么、规格尺寸、颜色、购买数量，以及客户的收货地址、收货人姓名、联系电话。如果客户有特殊的要求，比如要求发某快递、赠送某赠品、写贺卡（鲜花、蛋糕等），那么客服除了要核对购买人信息，还要核对客户的特殊要求。

在核对订单的时候，客服一定要事先告知客户退换货的条件，因为如果事先没有讲清楚，则很有可能会导致纠纷。

在服务中多一点细心、耐心，便可大大减少退换货等售后问题的出现。所以，在线客服不要贪图一时方便而漏掉工作中的环节，给自己日后的工作带来更多的麻烦或不可弥补的错误。

下面是确认订单时常用的语言。

"请问，是按照下面提供的地址为您发货吗？"

"您购买的 × 件宝贝，白色裙子已经付款，我会及时安排您的宝贝发出，请在 2～3 天内手机处于接通状态，方便快递业务员将产品及时、准确地送到您的手中，谢谢合作！"

"非常感谢您对我们店铺的惠顾，您的热情诚恳让我感动，我们下午就安排发货，请您注意查收。不要忘记对我的服务进行评价，您的鼓励我很看重，是我前进的动力！"

"您好，我已经看到订单全部付款了，如果不添加宝贝，半小时后就开始打包了，宝贝们将在今天下午统一发货，请放心。"

2.1.6　引导正面评价

在网络交易中，存在交易双方相互评价这一环节，客户给予店铺评价，可以反映出客户对店铺服务、商品品质、物流运输等方面的满意程度；店铺给予客户评价，可以体现出店铺对客户的重视程度。既然是评价而非表扬，就意味着双方不仅会对满意的方面进行评价，而且会在评价中表达出对商品、服务、物流及其他问题的不满，这些信息会在店铺中进行公开展示，对客户进店后进行商品选择会起到一定的引导作用。

在线客服应对客户的评价内容做出引导，尽量保证在店铺的评价记录中多呈现满意的方面。所以，在线客服千万不能省略订单确认后进行评价引导的环节，提醒客户对商品、服务、物流等给予优质的评价。如果出现不满意的情况，则随时与在线客服联系来进行处理，力争做到让客户满意为止，保证店铺评价内容的正面性。

如果商家希望获得更多的好评，那么无论是在服务上还是在商品上，必须超出客户的预期。比较可控的方法有小赠品、VIP 福利等。此举也就是所谓的情感营销策略。通过在宝贝描述页面、帮派等地方展示老客户的好评，不仅能促进成交，还可以在潜意识里引导客户的从众心理，从而给予类似的好评。

在客户等待收货期间，建议以短信的形式提示其发货和物流信息；可以在包裹中放置手写的小贺卡，显示出对客户的关怀；有条件的可以进行电话回访，顺便提醒客户在收货之后给予好评。

还可以推出"好评有礼"之类的活动，除了在相关页面上进行提示，在客户付款之后，在旺旺上、短信中、电话中、贺卡上都可以提醒客户参与此次活动，如图 2-6 所示。

图 2-6　"好评有礼"活动

2.1.7　礼貌告别

客服做事要有始有终，在完成评价引导后，要有礼貌地与客户告别。在生活中与亲友告别，除了说"再见"，"到家给我发信息"这类叮嘱的话语显然不会缺少。在工作中同样需要如此。与客户真诚地告别，在感谢客户光临的同时，给客户送上简单的祝福，让客户有一次愉快的购物体验。至此，完整的销售流程就顺利结束了。

1. 与成交客户告别

当客服跟客户核对完订单信息并引导客户做出评价后，也就意味着沟通进入了尾声，这时候客服就可以跟客户告别了。告别的方式一般是感谢客户的光临，并且添加对方为好友，同时提醒客户收藏、关注店铺，这样不仅能为店铺积累粉丝，也能方便客户下次购买时快速找到店铺。

2. 与未成交客户告别

针对未成交的客户，客服要快速回顾一下与客户的聊天记录，看看是否在哪个环节没有做好，导致客户不满意。是因为价格、款式、效果？还是因为客服没有引导好？抑或是因为物流因素？经过分析、总结，积累沟通经验。

下面是礼貌告别时常用的语言。

"您好，宝贝已经发出去了，请放心吧。由于这几天下雪，物流速度可能会比较慢，请耐心等待一下，有什么事欢迎随时与我联系。"

"感谢您的信任，我们会尽心尽责地为您服务，愿我们合作愉快！"

"亲，感谢您购买我们的产品，合作愉快，欢迎下次光临。"如图 2-7 所示。

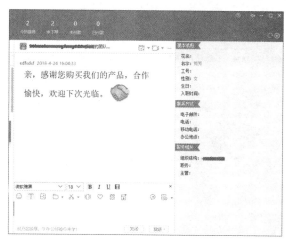

图 2-7　礼貌告别的语言

2.2　催付

催付是指客户拍下商品后没有付款，在线客服引导客户付款的行为。这类客户都是购物意向非常明确的客户，但很多卖家往往忽略了这些订单的重要性，而且也没有真正、有效地去做催付这件事情。在常规交易中，当客户拍下商品后，如果在 72 小时内没有付款，那么这笔订单将被自动关闭。订单关闭也就意味着卖家没有成功卖出商品，这对于店铺来说就是销售额上的损失。

对于那些下单了还没有付款或者咨询了很久还没有下单的客户，客服应该在适当的时机催促客户付款，可以给客户留言："亲，这款商品今天在搞活动，明天就恢复原价了，喜欢的话就赶紧拍下。""亲，这款商品库存仅剩几件了，错过就没有了。"客户在收到这样的信息后，如果对商品感兴趣，就会立即下单。

不管是对店铺还是对在线客服来说，只要有效地做了催付，就可以大大降低订单的损失。在知道了催付的重要性之后，下面重点讲述怎么做好催付这项工作。

2.2.1　挑选订单

在催付之前，要知道在哪里可以看到这些即将被关闭的订单。这里介绍两种方法：第一种是后台订单查看；第二种是后台订单数据下载。

1．后台订单查看

依次单击"卖家中心"→"交易管理"→"已卖出的宝贝"→"等待买家付款"，即可看到未付款的订单，如图 2-8 所示。

图 2-8　在后台查看未付款的订单

2．后台订单数据下载

当订单较多时，还可以导出筛选结果。选择需要查看订单的成交时间段，选择订单状态为"等待买家付款"，单击"批量导出"按钮，再单击"生成报表"按钮。在生成报表后，单击"下载订单报表"按钮下载订单报表，如图 2-9 所示。

图 2-9　下载订单报表

下载完毕，打开文档，如图 2-10 所示，买家会员名、买家应付货款、联系电话、收货地址等信息都会显示在订单表格中，可以根据订单信息来确定催付顺序。

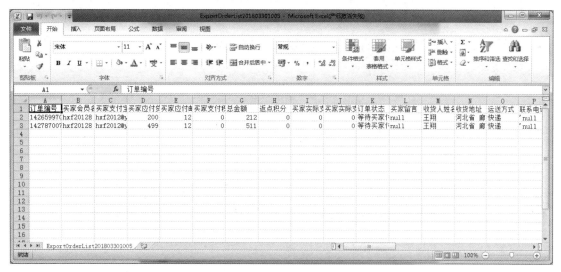

图 2-10　订单表格

2.2.2　未付款的客观原因

有了订单信息之后，我们首先要想一下，客户在拍下商品后为什么迟迟没有付款呢？未付款的原因可以看作客户遇到的问题，这些问题都需要我们去思考。要想让客户付款，我们要做的事情是解决客户的问题，这就是对症下药。如果只是一味地催客户付款，那么结果反而会适得其反。我们可以将客户遇到的问题归为两类：一是客观原因；二是主观原因。本小节主要介绍未付款的客观原因。

1．操作不熟练

一些新手客户对购物流程不熟悉，就会遇到各种问题，比如插件下载、密码混淆等。有些客户会主动寻求客服的帮助，而有些客户就不了了之了，最终导致订单支付失败。客服应积极、主动地询问原因，并扮演义务辅导员的角色，来引导客户一步步地完成支付。这就要求客服熟悉购物流程。推荐使用千牛的截图功能，可以更加直观地解决问题。

2．忘记支付密码

有些客户会忘记支付密码，并且不知道如何操作，这就要求在线客服熟悉重置密码的方法，帮助客户找回支付密码。下面分别介绍通过电脑和手机重置密码的方法。

1）通过电脑重置密码

第一步，进入客户的淘宝后台，将鼠标指针放在"账户设置"上，此时下方会出现下拉列表，单击"支付宝绑定"链接，如图 2-11 所示。

图 2-11 单击"支付宝绑定"链接

第二步，在账号管理页面中，单击"进入支付宝"链接，如图 2-12 所示。

图 2-12 单击"进入支付宝"链接

第三步，在支付宝页面中，单击上方的"账户设置"，如图 2-13 所示。

第四步，在账户设置页面中，选择"基本信息"，找到"支付密码"，单击"重置"链接，如图 2-14 所示。

图 2-13　单击"账户设置"

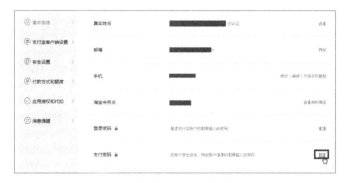

图 2-14　单击"重置"链接

第五步，根据提示进行操作，重置支付密码，如图 2-15 所示。

图 2-15　重置支付密码

2）通过手机重置密码

第一步，进入支付宝钱包首页，点击右下角的"我的"，如图 2-16 所示。

第二步，在"我的"页面中，点击"设置"，如图 2-17 所示。

图 2-16　点击"我的"

图 2-17　点击"设置"

第三步，在"设置"页面中，点击"密码设置"，如图 2-18 所示。

第四步，在"密码设置"页面中，点击"重置支付密码"，接下来根据页面提示进行操作即可，如图 2-19 所示。

图 2-18　点击"密码设置"

图 2-19　点击"重置支付密码"

3. 余额不足

当客户说支付宝余额不足，不能付款时，客服可以建议客户使用其他支付方式进行支付。在付款页面中，单击"其他付款方式"按钮，如图 2-20 所示。在弹出的选择支付方式页面中可以选择银行卡支付、信用卡支付、花呗支付等，如图 2-21 所示。

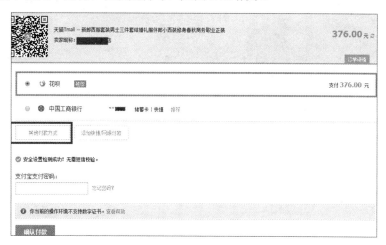

图 2-20　单击"其他付款方式"按钮

图 2-21　选择支付方式

在其他支付方式中有一项"花呗"支付。"花呗"是由蚂蚁金服提供给客户"这月买，下月还"的网购服务，可以提前免费使用消费额度购物，每位客户的消费额度都不一样。可以让客户使用支付宝账号登录蚂蚁花呗首页，查看当前花呗消费额度，如图 2-22 所示。

图 2-22　蚂蚁花呗首页

在电脑或手机上选择支持蚂蚁花呗支付的宝贝，就可以使用蚂蚁花呗进行支付了，如图 2-23 所示。

图 2-23　支持蚂蚁花呗支付的宝贝

使用蚂蚁花呗除了可以本月消费、下月还款，达到具体的订单金额要求后还可以选择分期支付。需要注意的是，不同的分期需要收取客户不同的手续费。客服在推荐客户使用蚂蚁花呗分期支付时需要提醒客户这一点，并且要让客户了解分期手续费并不是由商家收取的。

另外，商家为了吸引客户购物，会设置相应的手续费由商家承担，这样客户不但可以使用蚂蚁花呗分期支付，还免去了分期手续费的支出。如果本店宝贝设置了这项优惠，那么在线客服在推荐商品时也可以将其当作一个卖点。

如果现有的支付方式还不能完成支付，则选择其他支付方式，如图 2-24 所示。

图 2-24　选择其他支付方式

当客户自己的所有支付方式都不能支付时，还可以选择让朋友代付。在已购买宝贝页面中，单击订单右侧的"找朋友帮忙付"链接，如图 2-25 所示。

图 2-25　单击"找朋友帮忙付"链接

首先填写好友的支付宝账户，并且可以给好友留言，然后填写校验码，最后单击"请他付款"按钮，如图 2-26 所示，此时你的朋友就会收到你的代付请求。

图 2-26　填写代付账户

2.2.3　未付款的主观原因

客户未付款除客观原因外，还有主观原因。常见的主观原因有 3 类：第一类是客户和客服对商品的价格无法达成一致，客户对店铺里的商品价格不认可，最终导致交易无法完成；第二类是客户对商品抱有怀疑的态度，导致不敢买；第三类也是很常见的，就是跟其他家的商品进行对比，哪家的商品更有优势就买哪家的。

1. 议价不成功

议价的客户逃不出两种心理：一种是占便宜的心理；另一种是心理价位。对于有这两种心理的客户，本章讲解了很多应对的方法和技巧，在应对未付款的客户时，同样可以使用这些方法和技巧。

2. 有所担心

如果客户未付款的原因是有所担心，就意味着客户心里有疑虑。本章介绍了帮助客户消除这些疑虑的方法，并且在客户已经拍下商品后再使用这些方法，成功率会更高。

3. 货比三家

客户要货比三家，我们就要挖掘商品的卖点，从商品本身及服务方面去寻找差异，吸引客户在本店下单。

当然，除以上原因外，还会有其他原因，比如拍错了、拍下后需要改价等。不管什么原因，在线客服都要想办法帮客户解决。

2.2.4　了解未付款原因的方式

客户没有付款的原因我们基本上已经了解了，但原因是不一样的，怎么知道客户未付款的真正原因是什么呢？首先，可以根据客户与在线客服的沟通来发现原因；其次，对于从聊天记录中找不出答案或静默下单的客户，我们可以采用主动提问的方式来找到未付款的原因，从而采用上面讲到的方式去应对。

1. 聊天记录

查看与客户的聊天记录，看看能否找到客户当时未付款的原因。如果能找到原因，就对这个原因做出反应。

2. 主动出击

当客户拍下商品没有付款并且也没有聊天记录时，在线客服就需要主动出击了。在线客服主动出击的第一句话很有讲究。很多在线客服在抓取订单后会直接跟客户说："您好，您在我们店里拍下的商品还没有付款，请您尽快付款。"或者说："您好，您在我们店铺里购买的商品还没有付款，是什么原因呢？"其实这样说效果很不好，客户可能会不予理会。那么，应该怎么说才会对客户有吸引力呢？下面给出一些聊天技巧。

技巧一：制造紧迫感

可以利用发货时间来促使客户付款，例如："您好，亲，您在我家拍下的商品，在下午 5 点前付款，当天就可以发货。我看您的收货地址就在本省，这样明天就可以收到并使用了。"这样就会给客户一种紧迫感，促使客户付款。

也可以利用库存告急来促使客户付款，例如："恭喜亲抢到了我家的宝贝，但是您选的这款现在库存不多了，亲如果不付款，宝贝很可能就会被别人抢走了。"在很多情况下，客户会因担心自己挑选好的宝贝最终买不了而选择立刻付款。

另外，还可以利用活动截止时间来提醒客户尽快付款，例如："亲，您拍下的宝贝正是我们年终感恩回馈活动的商品，活动将在明天结束，届时商品都将恢复原价。"

技巧二：享受特权

很多时候，客户都是第一次来店里购物的，我们可以利用首次购物优惠或者送赠品的方式来开头，例如："亲，您第一次在我们店铺里购物，我们给每位新朋友都准备了一份精美的礼品。"在这里也不用提付款一事，客户看到了自然就会想起这笔订单还未付款。

也可以使用第几位客户享受优惠这种方式,例如:"亲,您是我们店本月第 300 位客户,我们逢百就会返利,机会不容错过。"在这种情况下,客户就会觉得自己运气好,不想错过这次机会,从而支付订单。

另外,如果是两次以上来店里购物的客户,则可以准备老客户专享赠品,例如:"您好,亲,感谢您再次光顾我们的小店,掌柜给您准备了一份礼品,这是我们的一点心意。"这不但起到了催付的作用,而且加深了客户对店铺的印象。

技巧三:信息核对

很多客户在淘宝网上购物时会有多个收货地址,在不同的购买时间或者购买不同的商品时会切换到不同的收货地址,这样一来就会发生客户拍下商品后没有选择正确的收货地址的情况。有时候客户会自己发现留下的收货地址错了,要求在线客服帮忙修改;但也有一些时候客户没有发觉留下的收货地址是错误的,这样一来,等货物寄出去后,客户不能顺利签收,就会严重影响客户的购物体验,还会引发更多的售后问题。所以,在发货前,在线客服需要与客户进行订单核对。也可以在客户拍下商品未付款前进行这项操作,除核单外,还有提醒客户付款的作用。

2.2.5　使用工具进行催付

当在线客服与客户沟通了解原因时,或者知道原因后联系客户进行催付时,都需要选择催付工具。一般有两种工具可以选择:千牛和短信。

1. 千牛

千牛是在线客服最常用的工具,并且使用千牛和客户沟通是完全免费的。另外,聊天字数也不受限制。最重要的一点是,客户可以随时操作付款。

千牛唯一的不足是当客户不在线时,所发送的信息不能保证客户能够及时收到。当客户不在线时,可以给客户留言,也可以使用短信和电话的方式。

2. 短信

现在每个人都随身携带手机,所以短信的及时阅读率比较高。跟千牛不一样,短信通常是卖家发给客户的,而客户很少会回复短信,所以编辑的短信内容一定要全面,要一看就懂。但是因为短信字数有限制,并且要在少量的文字里包含更多的信息,所以催付短信的内容应包含以下 4 个要素。

(1)店铺名称。首先要让客户知道是谁在找他。客户不一定只在我们店里买了东西,如果连店铺名称都没有，则很难保证客户看到消息后知道是我们店铺在提醒他，也难免会为他人作嫁衣。另外，加入店铺名称还会起到宣传店铺的作用。

（2）商品名称。说了店铺名称不一定能让客户想起他在网上购买了什么商品，所以还需要在短信中加入客户所购买的商品名称。当然，个人隐私类等特殊商品另当别论。

（3）时间。让客户知道他在什么时候购买了这款商品，进一步加深客户购买时的记忆。

（4）技巧。这一点很重要，技巧有制造紧迫感、享受特权、信息核对等。

需要提醒客服的一点是，在客户拍下商品未付款前，在卖家中心是看不到客户完整的收货信息的。可以在千牛的与客户沟通的界面上查看到客户的电话号码，如图 2-27 所示。

图 2-27　查看客户的电话号码

2.2.6　催付禁忌

在催付过程中有两点禁忌，客服一定要注意，否则会适得其反。

1. 时间

理论上越早催付越好，但不一定在客户拍下商品后立即催付，也要看当时的具体情况。如果没有注意催付时间，则很有可能会给交易带来影响。

催付参照时间表如表 2-1 所示。比如，当天抓取订单时发现有 11:00 前的订单，那么在线客服可以先等等，在下午 15:00 前进行催付，因为客户可能比较忙，要给他们一点时间去完成付款。再比如下午 15:00 前的订单，这个时间一般是卖家的发货时间临界点，可以提醒客户付款后当天就可以发货。对于晚上 22:00 前拍下的订单，建议登记后在第二天进行催付，不建议晚上打扰客户。

表 2-1　催付参照时间表

下单时间	催付时间
上午 11:00 前	当日 15:00 前
下午 15:00 前	当日发货前
晚上 22:00 前	次日中午前（下午上班前）
00:00 以后	次日 12:00 以后
两次以上购买的客户	拍下 48 小时后

另外，对于两次以上购买的客户，在线客服不必着急去催付，因为这类客户对店铺比较信任，也了解商品。如果是日常交易，则建议在交易关闭前 24 小时内进行催付。这类话术最好带一点感情，可以询问一下之前的产品使用感受等，再次提升客户的黏度。

2. 频率

不要用同一种方法重复催付，并且催付的频率不要太高，要把握分寸。如果客户实在不想购买，那就留下一个好印象，等待客户下次光临，有时候撤退也有价值。

2.2.7　催付工具表

在催付过程中，需要对催付结果进行登记，并且每次催付结束后都要进行总结。

1. 催付登记表

每次催付之后都需要进行数据统计，统计催付所带来的实际效果，用于数据分析。

2. 总结优化

每次催付的过程，以及催付过程中遇到的问题都要记录下来，以便之后调整优化。

首先，在线客服要有催付的意识，催付没有想象中的那么难，可能客户就是忘记了，在线客服只需要提醒一下就可以了；其次，要注意催付的方式和技巧。希望在线客服在之后的工作中可以认真地落实催付，避免出现前面提到的损失。

2.3　订单处理流程

订单处理是商家的一个核心业务流程，包括订单准备、订单传递、订单登录、按订单发货、订单处理状态跟踪等活动。

2.3.1　订单查找

我们在 2.2.1 节中讲过，单击"等待买家付款"，下面出现的结果都是等待付款的订单，这是第一种查找订单的方法。

但是在订单数量特别多的情况下，使用这种方法查找某位客户的订单，就会非常不方便。

在线客服在日常工作中经常会用到第二种方法去查找订单。比如遇到这样的客户："我之前在你家买过一只麦克风，现在想再买一只，但是链接找不到了，不知道你家还有吗？"

这时，在线客服首先需要知道客户之前买的是哪款麦克风，最快速的方法就是查找客户的历史购买订单。可以使用这种方法在两个地方查找订单：一是在卖家中心里查找；二是在千牛中查找。

1. 在卖家中心里查找

进入卖家中心，按照路径"我是卖家"→"交易管理"→"已卖出的宝贝"查找，如图 2-28 所示。

图 2-28　在卖家中心里查找订单

在这里可以选择查找的时间段，可以通过宝贝名称、买家昵称、订单编号来进行查找。特别要注意的是，如果不选择时间段，则默认查找近三个月的订单；如果需要查找三个月前的订单，则可以单击"三个月前订单"进行查找。

2. 在千牛中查找

在千牛中，可以选择时间段，根据宝贝名称、买家昵称、订单编号等关键词去查找订单，如图 2-29 所示。

图 2-29　在千牛中查找订单

当查找到客户的历史订单后，就可以回复客户："您好，亲，您之前购买的那款麦克风已经升级了，比之前的更好用了，我把升级款链接发给您。"

在日常工作中还会有多种情况需要在线客服去查找订单，应根据需求去灵活选择查找方法。

2.3.2　订单处理

从客户进店拍下商品开始，会产生多个订单节点，称为订单状态，每种状态下的订单都有需要在线客服去做的工作。

1. 等待买家付款

在卖家中心里,等待买家付款的订单状态在前面已经介绍了,这里不再赘述。

2. 买家已付款

在卖家中心里,买家已付款的订单状态如图 2-30 所示。

图 2-30 买家已付款的订单状态

买家已付款后,接下来就是等待卖家发货。在淘宝交易中,有不少订单因为客户地址留错或者商品拍错而导致出现退换货情况,所以,在发货前,在线客服有必要跟客户进行订单信息核对,包括收货地址及商品信息等。

也偶尔会有客户直接申请了退款,当客服做好了安抚与解释工作后,该客户又想继续购买此商品,这时客服只需要单击发货,订单就会正常进入下一个环节,即卖家已发货的状态。

3. 卖家已发货

在卖家中心里,卖家已发货的订单状态如图 2-31 所示。

图 2-31 卖家已发货的订单状态

当客户付款后,一部分客户会询问是否发货了、快递到哪儿了之类的问题。如果仓库员已经发货,那么在线客服可以单击"查看物流",将会出现这笔订单的物流信息,如图 2-32 所示,再将物流信息告知客户即可。

卖家发货后,在一定时间内如果客户没有单击"确认收货",那么淘宝系统会自动帮客户确认收货。如果遇到物流不能及时送达等问题,则会出现客户还没有收到货,但是订单已经确认收货的情况。这时候,在与客户协商后,在线客服可以延长确认收货期限,让客户有更多的时间来确认收货,如图 2-33 所示。

图 2-32　查看物流信息

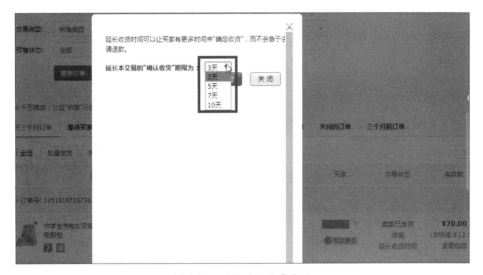

图 2-33　延长确认收货期限

4. 交易成功

当客户收到商品，确认收货后，交易状态会变为交易成功。在卖家中心里，交易成功的订单状态如图 2-34 所示。

图 2-34　交易成功的订单状态

交易成功不代表交易结束，这时候在线客服可以对客户进行回访，比如在使用商品方面是否有不懂的地方、鞋子是否合脚等，以此来体现对客户的关怀，提升客户的购物体验，提高店铺的回购率及口碑。

5. 交易关闭

在等待买家付款、买家已付款、卖家已发货、交易成功这几种订单状态中，因为卖家缺货、少货等，或者客户对服务不满意、不想购买、退款等，都有可能变为"交易关闭"状态，如图 2-35 所示。

图 2-35　交易关闭的订单状态

作为跟客户直接接触的在线客服，需要分析为何交易会关闭，并且在必要的情况下请掌柜协助找到交易关闭的原因，优化商品和服务，降低交易关闭率。当已经有解决方案时，在线客服需要积极地促使客户重新下单。

2.3.3　订单备注

在线客服在与客户的沟通中，有时候需要对客户情况做一些记录，这些记录可以是给店铺内其他同事看的，也可以是给自己看的。订单备注在任何订单状态下都可以修改，比如发货前客户指定了发顺丰，在线客服就可以在这笔订单上备注"发顺丰"，在仓库打单发货时，看到了该备注就不会发错快递，从而避免纠纷的发生。

订单备注可以在两个地方进行操作：一是在千牛中备注；二是在卖家中心里备注。

1. 在千牛中备注

在与订单对应的客户对话框右侧，可以对该订单进行备注，如图 2-36 所示。

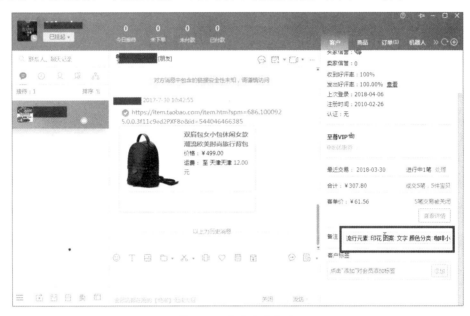

图 2-36　在千牛中备注

2. 在卖家中心里备注

在卖家中心"已卖出的宝贝"页面中，在每笔订单的右上角都有一个默认的灰色旗子图标，如图 2-37 所示。

图 2-37　初始灰色旗子图标

单击灰色旗子图标，进入备注页面，如图 2-38 所示。与在千牛中备注一样，填写标记信息，选择旗子颜色，单击"确定"按钮即可。

图 2-38 备注页面

2.4 习题

一、填空题

1. _____ 是在线客服接待客户时的第一个工作流程。可能会有一部分客服认为，_____ 就是简单地打招呼，非常容易做到；然而，在网络销售中，_____ 却有着很深的学问。

2. 成功的在线客服会对客户做到 _____，在解答客户所提出的疑问时会存在一定的引导成分，同时也可以从客户提出的疑问中听出客户内心里的其他想法。

3. _____ 的在线客服可谓优秀的在线客服，他们绝对不会忽视这个更有利于提高交易转化率和快速提升客单价的过程。

4. 常见的主观原因有 3 类：第一类是客户和客服对商品的价格无法达成一致，客户对店铺里的商品价格不认可，最终导致交易无法完成；第二类是客户对商品抱有怀疑的态度，导致不敢买；第三类也是很常见的，就是 _____。

5. 买家已付款后，接下来就是等待 _____。在淘宝交易中，有不少订单因为客户地址留错或者商品拍错而导致出现退换货情况，所以，在发货前，在线客服有必要跟客户进行_____，包括收货地址及商品信息等。

二、简答题

1. 如何迎接问好，及时回复？

2. 怎么进行商品推荐？

3. 订单如何确认？

4. 如何了解未付款的原因？

5. 催付有什么禁忌？

第 3 章
与客户沟通和解答问题

本章指导

  沟通是了解和满足客户需求的重要途径。倾听可以获取信息、发现问题，客服只有认真与客户沟通，知道客户需要什么样的帮助和服务、客户有哪些不满和抱怨，才能对症下药，解决客户的问题。另外，认真沟通还是尊重客户的一种表现，有利于营造良好的沟通氛围。因此，一位优秀的客服必须掌握良好的沟通技巧。

3.1   倾听的目的

在与客户沟通时，首先要学会倾听，明白倾听的目的。每个人都有表达的欲望，所以客服在与客户沟通时应尽量鼓励客户多说话，自己则做一名忠实的倾听者，这样可以让客户感受到尊重，有利于取得客户的信任，让服务处于良好的氛围中。同时，客服只有认真倾听，才能明白客户的真正需求是什么、客户到底需要什么样的服务。

3.1.1   准确了解客户的需求

客服为客户提供服务的第一步就是准确了解客户的需求。例如，客户需要什么样的服务和帮助，有什么抱怨需要发泄，还是对店铺里的商品或服务不满需要投诉。客服只有认真倾听，才能从客户的表述中发现他真正的需求。

客服要鼓励客户多沟通，这样才能掌握更多有用的信息。注意客户询问的方式，有时候因为某种原因，客户不愿意把他的需求直接表述出来，而是委婉地透露，这就需要客服努力发掘客户的真实需求。

3.1.2   让客户快速建立信任感

倾听是一种情感活动，这样的倾听在让客户满足表达欲望的同时，也能让他打开心扉，实现心与心的沟通，从而建立客户对客服的信任感。客服保持一个倾听者的姿态，客户随着谈话的深入逐渐打开自己的心扉，对客服产生信任感。客服最终也会成功劝说客户听从自己的建议。

在倾听的同时给客户一定的赞美，鼓励他继续说下去，客户对客服的信任感会随着沟通的深入而逐渐积累。建立信任感与倾听是互为因果、相辅相成的，"信任"也有利于客服了解到更多有用的信息。

3.1.3   避免向客户重复询单

倾听的另一个好处就是可以避免向客户重复询单。对于客服的发问，客户或多或少会有反感情绪，容易让他们产生被"审问"的感觉。客服如果能认真倾听客户，就会发现很多需要了解的信息都在客户的话语中无意间流露出来了。

问答式的对白只有在审问犯人时才是最有效的。客服要走出"审问客户"的困境，就必须学会倾听。在客户自发讲述事情经过的时候，客服要仔细倾听，因为在客户的话语中可能会包含着很多有价值的信息。

3.2　沟通中的倾听技巧

倾听是一个富有技巧的过程，要让客户说得更好、更多、更开心，就需要客服学会倾听。总的来说，客服只有站在客户的立场上用心去倾听，才能明白客户的真正需求，提供客户满意的服务。

3.2.1　站在客户的立场上倾听

只有站在客户的立场上，从客户的角度出发，客服的倾听才会更有效、更到位。客服在倾听时要抛弃自己的主观成见，换位思考，设身处地地为客户着想，如图 3-1 所示。

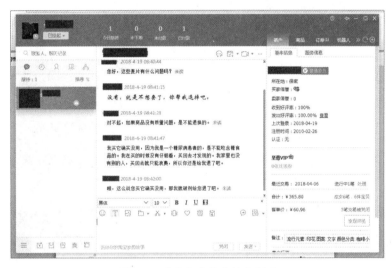

图 3-1　站在客户的立场上倾听

客户：你帮我把这些麦片退掉吧。

客服：您好，这些麦片有什么问题吗？

客户：没有，就是不想要了，你帮我退掉吧。

客服：对不起，如果商品没有质量问题，是不能退换的。

客户：我买它确实没用，因为我是一个糖尿病患者，是不能吃含糖食品的。我在买的时候没有仔细看，买回去才发现的。我家里也没有别的人，买回去就只能浪费，所以你还是给我退了吧。

客服：哦，这么说您买它确实没用，那我就破例给您退了吧。

客户：谢谢你，你真通情达理！

客服：不客气，建议您以后在买食品的时候看一下商品详细描述，就知道是否含糖了。

换位思考，假设自己是客户，客服便能更好地理解客户所遇到的问题，给客户提供更好的解决方案。客服站在客户的立场上倾听，并把自己的感受说出来，理解并关心客户遇到的困难，可以解除客户的防备心理，使沟通更有效。

3.2.2   正确地回应客户

沟通必须有来有往，客服应适时地表达自己的观点。客服适当地给客户一些积极的回应，一方面可以让客户感受到尊重，另一方面有利于客服的思维跟上客户的节奏。

倾听不是一个简单的听客户说话的过程，而是一个双向沟通的过程，客服只有积极鼓励，客户才能更有效地表达，客服也能够获得更多、更有效的信息，才能为客户提供更好的服务。客服在积极回应客户时，尽量不要一直用"是的""对""啊"等词汇机械地回复。

客服要灵活掌控沟通进度，激励客户在轻松、友好的氛围中把他所能想到的内容都表达出来，并对客户的表述做出适当反应，如"不错，很有意思""我赞同您的说法"等。

3.2.3   倾听客户的话外之音

所谓话外之音，就是客户想要表达却因为某种原因难以启齿、不愿直接表述的内容，往往会在他们的言语措辞、语气态度间流露出来。例如，某客户咨询问题，在客服给出一种解决方案之后，客户冷冷地说："那好吧，我考虑一下，谢谢，再见。"这样的表述说明这位客户对该客服很失望。客服只有善于倾听，在沟通中了解客户的真实想法，才能把服务做得更好。

客服在工作中一旦听出客户语气中的不友好态度，应马上安抚客户，表示歉意，并询问发生了什么不愉快的事情，而不是老老实实地正面回答客户的问题。学会倾听客户的话外之音，当注意到客户有难言之隐时，应委婉试探；当发现客户有怨气时，应询问是什么事情让客户不满，等排解了客户的怨气之后，再试图解决问题。

3.2.4   重要的地方做好笔录

人的记忆力是有限的，客户谈到的一些要点，尤其像一些数字，很容易被忘记。所以，客服在倾听时，不要忘记准备一个小本子，把一些重要的信息记录下来，如图 3-2 所示。

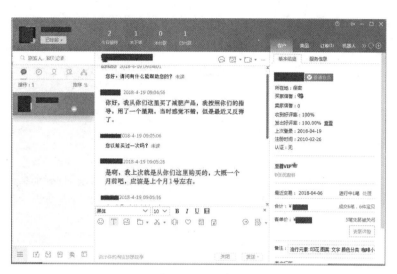

图 3-2　做好笔录

客服：您好，请问有什么能帮助您的？

客户：你好，我从你们这里买了减肥产品，我按照你们的指导，用了一个星期，当时感觉不错，但是最近又反弹了。

客服：您以前买过一次吗？

客户：是啊，我上次就是从你们这里购买的，大概一个月前吧，应该是上个月 1 号左右。

客服（查了一下交易记录）：哦，您是 ×× 市的孙小姐吧？

客户：对呀，上次就是和你联系的吧，难得你还记得我。

客服：我们希望对每位客户负责到底。

客户：谢谢，太好了。

客服：我应该谢谢您对我们这么信任。请问孙小姐，您在使用我们的产品一个月之后，有哪些比较明显的变化呢？（一边听客户说话一边做记录）

客户：当时我感觉肚子有点变小了，但是这两天我觉得又和一个月前差不多了。

客服：孙小姐，您不用担心，基本上每位客户都有您这样的情况，出现一点反复是正常的，您不用着急，再使用 10 多天就可以了。

客户：哦，正常的呀，听你这么说我就放心了，谢谢你。

客服在为客户服务的过程中，一定要把比较重要的信息记录下来，这样既可以提高自己的工作效率，也可以准确地面对客户需求，还可以让客户感觉受到了重视。身边随时准备一个小本子，在为客户服务时做好记录，对客服而言是非常实用也非常必要的一种方法。有些店铺使用了客户关系管理系统，这更有利于客服管理客户信息。

3.3　处理客户咨询的流程

客服在日常工作中遇到最多的就是客户咨询。尽管客户不会像投诉时有那么大的情绪，但客服仍要小心应对，不仅要用专业的业务知识熟练地为客户解答，还要注意遵守工作程序和善用沟通技巧，为客户提供高效的服务；否则也会引起客户的不满。

3.3.1　记录问题

在客户提出问题时，客服一般需要对问题进行记录，如图 3-3 所示。一方面，对这些问题不一定马上就能做出解答，需要记录下来，研究之后再回复客户；另一方面，记录下来的问题还可以丰富客服系统快捷回复用语，和其他同事一起提高，为以后应对类似问题奠定基础。

图 3-3　记录问题

客户：您好，这件"儿童房推拉门板式家具"怎样？

客服：您好，这件商品销售得很好，您可以放心购买。

客户：那就好。我想问一下，这件商品有多高、多宽？怎么安装？运输过程中会不会出问题？快递能否送货上门？

由于客户连续问了好几个问题，而且客服对其中的一些问题不是十分熟悉，所以他马上答复：非常抱歉，我是新来的，不是太了解，我看一下，5 分钟后回复您，可以吗？

5 分钟后，客服：您好，您问的几个问题是这样的……客服一次回答完客户的所有问题。

客户：谢谢你。

在与客户沟通的过程中，养成记录的习惯很有必要。因为我们不可能做到过耳不忘，如果忘了，那么再次求证会引起客户的不满并深化矛盾。所以，及时记录客户的问题，就能够有效地避免遗漏。在记录问题的过程中，对不理解的地方要及时向客户询问。

3.3.2　分析问题

客服可能会遇到客户提出的各种各样的问题，因此必须具备一定的分析问题的能力。只有准确地把握了问题的实质，才能给出客户想要的答案。如图 3-4 所示为分析问题。

图 3-4　分析问题

客服：您好，请问有什么需要帮助的吗？

客户：你好，我买的你们店里的电热咖啡壶怎么不保温，煮出来的咖啡也不香呢？

客服心想：我们店里的电热咖啡壶的质量都很好，不保温的情况一般不会发生，可能是客户操作不当引起的。于是开始询问客户。

客服：不保温？请问您把水放入水箱后，有没有持续通电？

客户：哦，这时候还要通电呀，那我明白了。可我煮的咖啡怎么不香呢？

客服心想：导致咖啡不香的原因比较复杂，可能是所选材料的问题，也可能是煮咖啡的技巧问题，还可能是因为客户的口味独特，和我们的咖啡壶一般不会有太大的关系。这是一个客户高期望的问题，我不能给他提供可行的解决方法，只能让他高兴一点。然后便轻松地和客户继续交谈。

客服：请问您用的是什么咖啡豆？

客户：我用的是从牙买加进口的蓝山咖啡豆，很好的呀！

客服：看来您对咖啡确实很喜欢。建议您将咖啡豆磨得更细一些，味道可能会好一些。您有没有用速溶咖啡试过？

客户：速溶咖啡的味道倒是挺好的。

客服：速溶咖啡固然好喝，但是自己磨出来的咖啡喝起来可能更有成就感。您有时间可以在网上查找一些相关资料，以便获得更多的磨咖啡的技巧。因为我对磨咖啡也不是特别在行，所以在这里也不能提供更多的建议了，不好意思。

客户：呵呵，已经很感谢你了。

客服准确分析了客户的问题，对症下药，对提高客户满意度起到了非常重要的作用。分析问题首先要准确理解客户的语意。客户经常会表达不清，或者他所说的并非问题的实质，客服要仔细分辨。

3.3.3　立即回答

如果客户咨询的问题是客服立即就能回答的，那么，客服就不要含糊其词，应尽快告诉客户他所需要的信息，如图3-5所示。

客服：您好，这里是电器商城，请问有什么需要帮助的吗？

客户：你好，我有一个问题要请教一下。

客服：请教不敢当，您有什么问题就直说吧，很高兴为您服务。

客户：我买了你们的一套电器，现在安装完成了，我想问一下这种电器需要磨合吗？

客服：是的，需要磨合。

客户：那磨合期是怎么算的呢？

客服：这种电器对磨合的要求不是那么严格，您只需要在前期使用过程中适当注意就可以了。大概在一个星期以内吧，不要高功率运行，也不要突然停机，尽量保持平稳、匀速运转。

客户：哦，我明白了，就是说这种电器的前期磨合对后期使用影响不大，对吧？

客服：不会特别大，但也有一定的影响，您还是尽量按照产品说明书来操作吧。

客户：好的，我明白了，谢谢！

客服：不客气，您还需要其他的帮助吗？

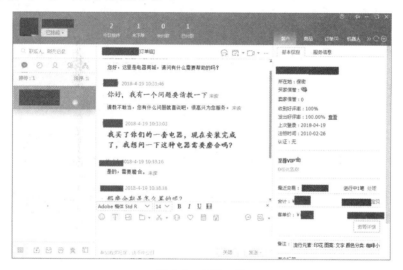

图 3-5　立即回答

客户咨询的是一个比较简单的关于产品知识的问题，客服立即回答，达到了客户的预期。对于能够当场回答的问题，客服应热情、高效地为客户解答。客服在回答问题时要注意自己的表达方式，要尽量说清楚，让客户能听明白。

3.3.4　等待解答

有时候客户咨询的问题可能是动态的，或者是要求在未来才得到答案的，也可能不属于客服的本职工作，但和他的工作有关联，需要调查之后才能给出答案，那么客服应该请客户耐心等待，在限制时间内为客户解答问题。

有时候客户咨询的是一个在未来的某个时间点才能答复的问题，那么客服不要忘记客户的嘱托，要按时提供客户想要的信息。

有时候客户咨询的问题尽管发生在过去，但是要想得出具体的结论，就需要客服花时间去调查，那么客服要为客户承诺时限，并按时回复。

3.3.5　配合处理

在有些情况下，对于客户咨询的问题，客服无法答复，或者无法提供让客户满意的答复，可能需要同事或者上司的帮助，这时客服就应向同事或上级积极求助，共同完成工作。

很多问题是客服个人所无法处理的，必须借助同事的帮助才能完成，这时客服应主动寻求帮助。有时候因为客户的不信任，执意要跟比客服更高级别的领导沟通，客服应极力劝说客户，让他相信自己，如果实在无能为力，那么再寻求上级帮助。

3.3.6　客户满意

客服在为客户提供完咨询服务后，还要注意客户对结果的满意程度。不要不顾客户的感受而自说自话，一定要确保客户听明白了自己所讲的内容，获得了他想要的信息。

客服工作是以客户满意为标准的，咨询服务也不例外。因此，客服在服务即将结束时别忘记询问客户的感受。

3.3.7　整理记录

客服在处理客户咨询时，最后一项工作就是整理记录。对于客户提出的一些比较新颖的问题，无论能否给予比较完美的解答，都应整理记录并归入快捷回复，以便以后共同研究对策或供下次遇到类似问题时借鉴。

客户经常会咨询一些在客服看来比较怪异的问题，但这些问题可能对客户很重要，不能回答就面临着客户的流失。所以，客服应该把这些问题整理记录下来，寻求答案，以备下次使用。无论准备得多么充分，客户总会提出一些客服意料之外的问题，客服应把这些问题整理记录下来，研究其最完美的回答方式，并跟其他同事共享。客服对于遇到的一些自认为回答得不够妥当的问题，也应整理记录下来，寻求最恰当的答案。

3.4　回答客户问题的方法

客服在回答客户提问时，必须注重方法和技巧。平淡无味的回答会让客户缺乏兴趣，失去对店铺的好感；而注重技巧的回答会让客户对店铺充满兴趣。

3.4.1　巧妙地否定

客户经常会问"对不对""是不是"之类的问题。对于这类问题，如果需要否定客户，那么客服不能回答得太生硬，这时不妨带客户"绕绕弯"，不仅能让沟通气氛变得更融洽，还能把问题说得更明白，获得客户的信任，如图 3-6 所示。

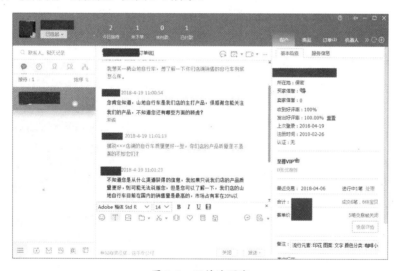

图 3-6　巧妙地否定

客服：您好，骑行单车专卖店，请问有什么需要帮助的吗？

客户：我想买一辆山地自行车，想了解一下你们店铺销售的自行车到底怎么样。

客服：您肯定知道，山地自行车是我们店的主打产品，很感谢您能关注我们的产品，不知道您还有哪些方面的顾虑？

客户：据说 ××× 店铺的自行车质量更好一些，你们店的产品质量是不是真的不如它们？

客服：不知道您是从什么渠道获得的信息，我如果只说我们店的产品质量更好，则可能无法说服您，但是您可以了解一下，我们店的山地自行车目前在国内的销售量是最高的，市场占有率在 20% 以上，而 ××× 店铺的销售量不到我们的一半。所以，如果我们店的产品质量真的不如它们，也就不会有那么多消费者选择我们了，您说是吗？

客户：我知道你们店的名气更大一些，但我还是不大确定产品质量。

客服：我建议您上网查一下，到一些关于山地自行车的论坛，看看广大车友对我们产品的评价，您心里大概就有答案了。

客户：这倒是一种办法！

客服：谢谢，我对我们店的产品是绝对有信心的，也希望您能选择我们店的山地自行车。

客户问了一个"是不是没有某×××店的产品质量好"的问题，客服没有直接给出答案、否定对方，因为在现今产品同质化严重的时代，尤其是山地自行车这类产品，没有硬件指标作为比较，一味地说自己的产品更好，只会让消费者更加不信任。从侧面说话，如"拿销量对比""让客户自己上网查看消费者的评价"，这样的做法会比正面回答更有说服力，还可以避免因否定客户而带来的尴尬。

先从侧面否定客户，不直接回答客户的问题，顾左右而言他，再逐渐把客户带回主题，并给出否定的答案，这样做的说服力会比较强。另外，客服回答这类问题的态度也很重要，一定要表现得友好中带着自信，可以批驳客户的观点，但不能表现出轻视的态度。

3.4.2　巧妙地肯定

对于封闭式问题，客服不可直接生硬地否定，而在需要肯定回答的时候，要根据具体情况选择回答的方式。当沟通气氛融洽或者时间比较紧张的时候，客服可直接用"是的""对"等词简单、有力地肯定；当需要活跃气氛、调动客户情绪的时候，客服就需要回答得更巧妙一些，不妨借机对客户适当加以赞美和鼓励，如图 3-7 所示。

客服：您好，我们是时尚家居店，请问有什么需要帮助的吗？

客户：你好，我想咨询一下，购买你们家具的程序是我们先下订单，然后你们生产，可以吗？

客服：没有问题，我们可以根据客户的订单生产加工家具。

客户：那要是按我们设计好的样式呢，也能生产吗？

客服：您问得很有水平，这正是我们店的最大特色，我们可以生产出客户想要的任何形状的家具。

客户：哦，这样挺好，是不是你们也做来料加工的业务呢？

客服：您又说对了。如果你们提供材料，那么我们可以帮忙加工；如果你们没有材料，那么我们就提供材料，生产出您想要的家具。

客户：如果和订单不符，那可以退货吗？

客服：这还用说吗？！不过我们还从未遇到过客户退货的情况。

图 3-7　巧妙地肯定

客服在肯定一系列的封闭式问题时，用到了"没有问题""您问得很有水平""您又说对了""这还用说吗"等不同的表达方式，比一味单调地回答"是的"更容易引起客户情感上的波动，服务效果往往会好很多。

3.4.3　附和式回答

客户经常会提出一些自己的观点，以此来征求客服的意见。如果这些观点跟客服的想法是一致的，或者观点本身对主题没有什么影响，那么客服只需附和就可以了，如图 3-8 所示。

客服：您好，欢迎光临数码音响店，请问有什么需要帮助的吗？

客户：你好，我前几天在你们店里买了一对音响，收货时没有注意看，今天使用的时候发现音响的按钮坏了，能换吧？

客服：您好，我们所有的音响设备都是 7 天内无条件退换货的，您只要在收到货 7 天内有任何的不满意，都可以随时退换货。

客户：那我就放心了，看来你们店的服务确实不错。现在有很多店铺承诺无条件退换货，但到真正去退的时候，它们就找乱七八糟的理由不给退，是这样的吧？

客服：您说的是，但我们店绝对不是这样的。

客户：好吧，谢谢你，我马上再快递给你，麻烦你再告诉我一下你们店的地址。

客服：好的，您把货发到×××就可以。

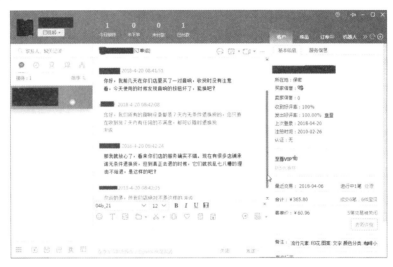

图 3-8　附和式回答

客户提出了一个与主题无关的话题并征求客服的意见，客服只需随口附和"您说的是"即可，这要比和客户继续聊与工作无关的话题好得多。

有时候客户提出问题并不是为了获得答案，因为双方都很清楚答案是什么，他只是为了语言上的过渡或者情感上的缓冲，客服应马上附和，会让亲密感提升很多。

3.4.4　报告式回答

有些客户的问题内容很多，一两句话说不清楚，而这些信息却是客户想要的内容，这时客服就需要像做报告一样用很多语言来描述一件事物，有时甚至需要长篇大论，这就是报告式回答。

客户经常会问一些比较复杂的、关于客观事物的问题，这时客服就需要进行报告式回答，把事情尽量说得更清楚。在进行报告式回答时，客服要注意自己的声音大小、停顿及语速等，让自己的表达更容易理解。

3.4.5 感性式回答

回答问题是表达自己意见的方式，或者告诉别人本来不知道而又想知道的事情，而有些问题想要让对方准确了解，就只能用自己的感受来讲述，让听者从另外的角度来考虑问题、分析问题，这种用自己的感受来回答问题的方法就是感性式回答。客服在工作中经常会用到这种回答方式。

很多问题必须通过感性式回答才能描述清楚，才能更有说服力。除非在必要的情况下，客服不要频繁地使用感性式回答。

3.5 习题

一、填空题

1. 在与客户沟通时，首先要学会倾听，明白倾听的目的。每个人都有表达的欲望，所以客服在与客户沟通时应尽量鼓励客户多说话，自己则做一名 _____，这样可以让客户感受到尊重，有利于取得客户的信任，让服务处于良好的氛围中。

2. 倾听不是一个简单的 _____ 的过程，而是一个 _____ 的过程，客服只有积极鼓励，客户才能更有效地表达，客服也能够获得更多、更有效的信息，才能为客户提供更好的服务。

3. 人的记忆力是有限的，客户谈到的一些要点，尤其像一些数字，很容易被忘记。所以，客服在倾听时，不要忘记准备 _____，把一些重要的信息记录下来。

4. 客服可能会遇到客户提出的各种各样的问题，因此必须具备一定的 _____ 能力。只有准确地把握了问题的实质，才能给出客户想要的答案。

5. 客服在回答客户提问时，必须注重 _____。平淡无味的回答会让客户缺乏兴趣，失去对店铺的好感；而注重技巧的回答会让客户对店铺充满兴趣。

二、简答题

1. 沟通中倾听的目的有哪些？

2. 沟通中的倾听技巧有哪些？

3. 处理客户咨询的流程是什么？

4. 回答客户问题的方法有哪些？

第 4 章
客服售前打消客户的疑虑

本章指导

对客户购买商品时的心理进行分析发现，多数客户对于自己想购买的商品，在某种程度上都抱有疑虑和抱怨。客户的疑虑和抱怨一般是因为对店铺的服务和商品质量不满而产生的。如何巧妙地让客户打消这些顾虑，是客服的职责，是成功交易的前提；否则只会使得店铺的客流量越来越少，销售业绩不断下滑。

4.1　与客户沟通的原则

沟通是双向的，客户中什么样的人都有，素质、个性、修养等都有差别，遇到好的算幸运，遇到另类的可以引导却无法左右，唯有做好自己，热情有度，不卑不亢，不断积累总结经验，练就自己良好的素质与沟通技巧，才能在沟通中做到游刃有余。

在网店经营中，客服与客户虽然不能直接面对面，但在与客户打交道的时候，必须更加注意技巧；否则，客户流失的速度会比实体店还要快。实体店面中有效地处理客户关系的基本方式也可以作为网上开店经营模式的一种借鉴。

4.1.1　换位思考

在与客户的沟通中，客服不要把自己摆在"我是客服"的位置上，而要把自己当作一位客户，或者把自己当作客户的朋友，这时候你的思路才能真正贴近客户，才知道怎样去介绍商品。只有站在客户的角度来考虑问题，才能知道怎样来牵引客户，你的观点、你的讲解才能获得客户的认同。多一分宽容和理解，以和为贵，做好沟通，才能取得双赢。

常见的是遇到新手客户，他会问很多问题，而且有的还不是一天就能成交的，让人怀疑他是否真心交易。客服对此应持宽容态度，因为新手客户容易遇到很多问题，如忘记密码、网银操作不顺、对网络交易的担心等。

4.1.2　谦虚有礼

"礼貌先行"是交朋结友的先锋。俗话说：要想得到别人的尊重，首先要尊重别人。在与客户沟通时要给客户留下良好的印象，让客户愿意与你沟通，所以，客服必须表现得谦虚有礼、热情有度，建立和谐友好的气氛。

如在最常用的工具——旺旺交流中，在回复第一次来店里的客户的第一句话时，用语要客气，可添加表情，如一个笑脸（见图 4-1）或一朵玫瑰花等；如果需要暂时离开旺旺，则要设置好旺旺留言信息，并且要留言会尽快回来回复；回来后要第一时间回复客户，表达歉意，并感谢客户的耐心等待。

图 4-1　添加笑脸表情

4.1.3　预先考虑客户的需求

每位客户的需求虽然不一样，但客户都有一个共同的购物心理，有共同的规律可循。

在网店经营中，要从商品图片的拍摄、商品说明及信息回馈等各方面为客户考虑。必须保证快速回复客户提出的问题，这就要求客服经常到网店里来进行维护，如果实在有事不方便上网，则也应该留下别的联系方式及相关说明，以免让客户感觉受到冷落。

为客户服务不仅要为客户解决问题，而且要给予客户愉快的心情，使客户的购物过程变成一个享受快乐的过程。

4.1.4　善于聆听

要成为一位沟通高手,首先要学会成为善于聆听的客服。在客户提问的过程中,不要打断客户,对于客户的发问也要及时、准确地回答，这样客户才会认为客服在认真地听他说话，善于理解与沟通，觉得被尊重，也才会对店铺里的商品感兴趣。同时，倾听可以使客户更加愿意接纳客服的意见，客服也更容易说服客户。

要想领会客户的意图，抓住客户的心理，还可以在交谈过程中去看看客户的信用评价或者发的帖子。一般情况下，从信用评价及其购买的商品中大致能了解客户是一个怎样的人，然后针对不同的对象做出不同的反应、提供不同的服务。

4.1.5　为客户着想

现在是一个快节奏、高效率的时代，每个人的时间都很宝贵。因此，客服在为客户提供服务的时候，首先要考虑如何节省客户的时间，为客户提供便利、快捷的服务。只有设身处地地为客户着想，从客户的角度来看待商品的说明、商品的种类、各项服务等，才能让客户感到满意，如图 4-2 所示。事实上，许多人并不了解客户的需要和期望，不了解客户迫切需要的是什么样的服务，所以沟通结果往往不理想。

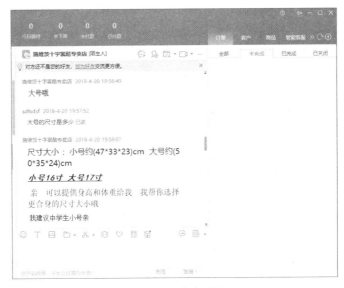

图 4-2　为客户着想

比如非自己失误，客户买到的商品不如期望那么高或者不合适，此时也应为客户着想，因为买到一件不太合适自己或不太喜欢的商品，谁的心里都高兴不起来。客服不应一口回绝或说话理直气壮，否则有可能导致客户退款，给予差评，甚至投诉。如果此时引导客户说出症结并给予其合理的建议，相信客户也能心平气和地接受。

4.1.6　尊重客户

得到别人的尊重在人的需求中具有较高层次，客户的购物过程是一个在消费过程中寻求尊重的过程。客户对于网上购物活动的参与程度和积极性在很大程度上依赖其受到的尊重程度。只有出于对客户的信任和尊重，永远真诚地视客户为朋友，给予客户"可靠的关怀"和"贴心的帮助"，才是面对客户的唯一正确心态，才能赢得客户。

想让客户满意，不仅要被动式地解决客户的问题，更要对客户的需要、期望和态度有充分的了解，把对客户的关怀纳入自己的工作和生活中，发挥主动性，提供量身定做的服务，真正满足客户的被尊重感和自我价值感，不仅要让客户满意，还要让客户超乎预期地满意。

用耐心、真心、诚心打动客户，提供认真热情、细心周到的服务，让客户感到温暖、愉悦，促使他们再次光顾。

客服始终要坚持客户至上的原则，以百分之百的细心、耐心、诚心做好每笔交易，让每位客户都有宾至如归的感觉，开心愉快地购物，这样创造回头客的概率就会增加，同时会带来更多的效益，如图 4-3 所示。

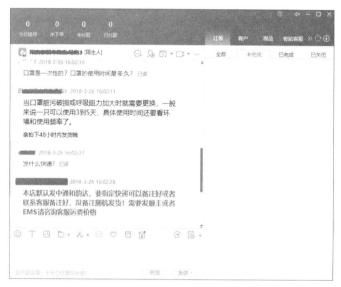

图 4-3　细心、耐心、诚心地做好交易

4.1.7　理性沟通

在网上开店会遇到各种各样的客户：有的过于挑剔，问几天也问不完；有的对客服不太尊重，连问话都是质问式的；有的拍下就消失，等等。这些都有可能在沟通过程中让客服的情绪爆发。如果客户的行为真的很让人生气，那么客服此时需要的是理性与冷静。不理性只会产生争执，不会有结果，更不可能有好结果。

在有情绪时也不要做出决定，因为带有情绪的沟通常常无好话，既厘不清，也讲不明，也很容易做出情绪性、冲动性的决定，导致事情不可挽回，令人后悔。

4.2　分析客户的购买心理

如果店铺里销售的商品能满足客户的需求，成交的概率就会大增。要想使销售量大增，还必须将客户的心理摸透，这样才能"对症下药"。从购买动机来看，可以将客户的购买动机归为两大类：理智动机和感情动机。

4.2.1　理智动机

1．适用

适用即求实心理，是理智动机的基本点，即立足于商品的最基本效用。客户在选购商品时不过分强调商品的美观悦目，而以朴实耐用为主。在适用动机的驱使下，客户偏重商品的技术性能，而对其外观、价格、品牌等的考虑在其次。

2．经济

经济即求廉心理，在其他条件大体相同的情况下，价格往往成为左右客户取舍某种商品的关键因素。折扣券、拍卖之所以能牵动千万人的心，就是因为抓住了客户的"求廉"心理。如图 4-4 所示，价格低的商品往往销量比较高。

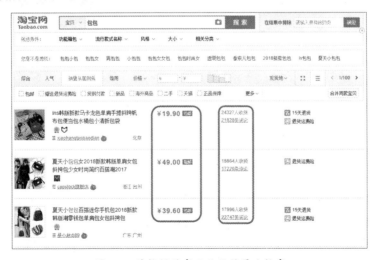

图 4-4　价格低的商品往往销量比较高

3．可靠

客户总是希望商品在规定的时间内能正常发挥其使用价值，可靠在实质上是"经济"的延伸。名牌商品在激烈的市场竞争中之所以具有优势，就是因为其具有上乘的质量。所以，拥有远见的商家总是会在保证质量的前提下打开产品的销路。

4．安全

随着科学知识的普及、经济条件的改善，客户对自我保护和环境保护的意识增强，对商品安全性的考虑越来越多地成为客户选购某款商品的动机。"绿色产品"之所以具有十分广阔的市场前景，就是因为其迎合了客户的这一购买动机。如图 4-5 所示为健康环保的绿色产品。

图 4-5　健康环保的绿色产品

5．美感

爱美之心人皆有之。有些客户在选购商品时不以使用价值为宗旨，而更注重商品的品格和个性，强调商品的艺术美。

6．使用方便

省力省事无疑是人们的一种自然需求。商品，尤其是技术复杂的商品，使用快捷、方便将会受到客户的青睐。只需按一下的"傻瓜"照相机及许多使用方便的商品之所以在市场上走俏，正是因为其迎合了客户的这一购买动机。

7. 售后服务

产品质量好是一个整体形象，有无良好的售后服务往往成为左右客户购买行为的关键。为此，提供详尽的说明书、进行指导、及时提供免费维修、提供产品质量保险等成为商家争夺客户的手段。

4.2.2　感情动机

感情动机不能简单地理解为不理智动机，它主要是由社会的和心理的因素所产生的购买意愿和冲动。感情动机很难有一个客观的标准，但大体上来自下述心理。

1. 好奇心理

所谓好奇心理，是指对新奇事物和现象产生注意与爱好的心理倾向，或称为好奇心。古今中外的消费者，在好奇心理的驱使下，大多喜欢新的消费品，寻求商品新的质量、新的功能、新的花样、新的款式。

2. 求新心理

消费者在选购商品时尤其重视商品的款式和眼下的流行样式，追逐新潮，而对于商品是否经久耐用、价格是否合理则不大考虑。如图4-6所示为新款产品。

图 4-6　新款产品

3. 从众心理

女性在购物时最容易受别人的影响。例如，许多人正在抢购某种商品，她们也极有可能加入抢购者的行列。或者她们平常就特别留心观察他人的穿着打扮，别人说好的，她们很可能就下定决心购买；别人若说不好，她们很可能就会放弃。

4．攀比心理

消费者在选购商品时，不是由于急需或必要，而是仅凭感情的冲动，存在偶然性的因素，总想比别人强，要超过别人，以求得心理上的满足。人家有了大屏幕彩色电视机、摄像机、金首饰，自家没有，就不管是否需要、是否划算，也要购买。

5．炫耀心理

消费者在选购商品时，特别重视商品的威望和象征意义。商品要名贵，牌子要响亮，以此来显示自己地位的特殊，或炫耀自己能力的非凡。这种心理多见于功成名就的高收入阶层中，也见于其他收入阶层的少数人中。他们是消费者中的尖端消费群，其购买行为倾向于高档化、名贵化、复古化，几十万元乃至上百万元的轿车、上万元的手表等商品正迎合了消费者的这种心理。如图 4-7 所示为高价手表。

图 4-7　高价手表

6．尊重心理

客户是商家的争夺对象，理应被商家奉为"上帝"。如果服务质量差，那么即使商品本身质量好，客户往往也会弃之不顾，因为谁也不愿花钱买气受。因此，客服应该真诚地尊重客户的经济权利，有时尽管商品价格高一点，或者质量有不尽如人意之处，客户感到盛情难却，也会乐于购买，甚至产生再次光顾的动机。

仔细分析客户的心理需求，察觉到客户想要什么，然后投其所好，便能大大激发客户的购买欲望。

4.3　打消客户对售后、包装、物流的疑虑

在购买商品的过程中，大多数客户经常会心存疑虑。这时，客服应该主动发现客户的疑虑，并打消客户的疑虑。在交易过程中，打消客户的疑虑是非常重要的，只有当客户对你的商品或服务完全相信，没有任何疑虑时，沟通才是成功的。本节主要讲述如何打消客户对售后、包装、物流的疑虑。

4.3.1　打消客户对售后的疑虑

开淘宝店铺，我们不仅仅要出售高品质的商品，更重要的是保证一流的售后服务。每家店铺所出售的商品都不一样，但或多或少都会涉及售后服务。客户可能存在对于售后服务的疑虑，客服可以采取售前告知的方式来打消客户的这种疑虑。这种在售前将信息告知客户的方式主要有两种。

第一种售前信息告知方式是在沟通的时候将售后信息直接告知客户。大部分客户在决定购买一件商品前总会有一些疑虑，一般会通过阿里旺旺向客服咨询。在客户咨询过程中，客服要向客户传达店铺的售后信息，这样客户会更容易接受，如图 4-8 所示。

图 4-8　将售后信息直接告知客户

这样的回答看似简单，却传达了很多信息：首先说明了买卖双方应该在什么情况下承担什么样的责任；其次明确告诉客户有任何问题都可以解决，请客户放心。

第二种售前信息告知方式是在商品描述页面或店铺的其他页面中将售后信息公布出来。在店铺中公布售后信息后，不仅可以传达给客户一种信息——我们有健全的售后制度，让客户产生信任感，而且这种信息也会随着交易的达成而成为一种承诺，让客户对店铺产生进一步的信赖感。如图4-9所示为商品描述页面中有关售后问题的信息公布，客户看到这样的信息，自然可以打消疑虑。

图4-9　商品描述页面中有关售后问题的信息公布

如图4-10所示，网店用更直观的流程图的形式告知客户店铺的退换货流程，让客户在短时间内就能了解所有的环节。客户对于纯文字信息的接受能力是比较差的，因此通过图片来传达信息会更加到位。

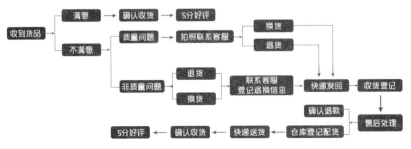

图4-10　用流程图的形式告知客户退换货流程

4.3.2　打消客户对包装的疑虑

网上购物需要通过物流运输，客户才能最终拿到商品。包装是物流运输中必不可少的环节。商品在运输途中难免会磕磕碰碰，质量差的包装容易在运输过程中破裂而导致商品损坏，所以会有很多客户对这一环节极不放心。如图 4-11 所示，在商品描述页面中添加了包装信息，清楚地告知了商品的包装过程，以及防压抗震的包装设计，打消了客户对包装的疑虑。

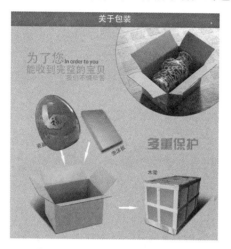

图 4-11　打消客户对包装的疑虑

当客户拿到商品时，最先看到的就是包装，所以要给客户留下一个非常好的印象，减少他们挑毛病的机会——首先就要包装好商品。美观大方、细致入微的包装不但能够保护商品安全到达，而且能够赢得客户的信任。

4.3.3　打消客户对物流的疑虑

选择一家好的物流公司对店铺来说很重要，如何选择物流公司成为新店铺成长为皇冠店铺路上重要的一步。不管采用什么运输方式，我们要更多地考虑安全方面的问题。不管是买方还是卖方，都希望通过一种安全的运输方式把货运到，如果安全性得不到保障，就会引发一连串的问题，并且还会影响店铺的生意和信誉。

如何选择一家可以令客户和客服都放心的物流公司呢？既可以选择客服所在地口碑和服务最好的物流公司，也可以直接选用淘宝网推荐的物流公司。目前与淘宝网合作的物流公司有申通、圆通、中通、汇通、韵达、天天快递、中铁快运、德邦、佳吉、联邦快递、顺丰速运、EMS、E 邮宝、一邦速递、宅急送、港中能达等。

选择淘宝网推荐物流"在线发送订单"确认后，淘宝客服将帮你通知物流公司上门取货。对于丢件的情况，赔付处理也会更及时，淘宝网会监督物流公司对投诉和索赔进行处理。

如图 4-12 所示为使用淘宝网推荐物流查询运费和时效。

| 服务商设置 | 运费模板设置 | 运费/时效查看器 | 物流跟踪信息 | 地址库 | 运单模板设置 |

淘宝合作物流公司 运费/时效查看器

物流服务	货到付款
计费方式	● 自动计算快递费　　○ 手动计算快递费
*起始地	北京　　北京市
*目的地	山西省　　大同市
宝贝重量	1　(kg)
体积	(cm)
*货值	10　(元)

查看

合作物流公司	快递费(元)	服务费 (元)	cod运费总计(元)	时效
圆通速递	11.0	4.00	15.00	2天7小时
宅急送	11.0	4.00	15.00	2天0小时
优速快递	12.0	3.00	15.00	3天7小时
顺丰速运	22.0	5.00	27.00	1天2小时

图 4-12　使用淘宝网推荐物流查询运费和时效

如图 4-13 所示，将物流信息传达给客户，解决了客户最关心的一些问题，这样的信息公示可以很好地打消客户对物流环节产生的疑虑。为了保证每位客户都能看到物流信息，建议把这些信息放入商品描述页面中。

图 4-13　商品描述页面中的物流信息

如今，方便、快捷的快递公司已经成为众多店主发货的首选物流，不过，在享受便捷服务的同时，快递费也成了店铺经营中一笔不小的开支。在商品质量和价格相同的情况下，客户肯定会选择购买运费相对较低的店铺里的商品。因此，在与这些快递公司打交道时，既能节省运费又能让商品尽快到达的问题备受广大客服的关注。

下面介绍一些减少快递费用的妙招，希望对广大客服有所帮助。

1．与快递公司的工作人员建立良好的合作关系

这一点不仅在与快递公司的工作人员打交道时应该引起注意，但凡与人相处时都应该引起注意。没有一个良好的心理素质，不会换位思考、替他人着想，只是一味地让别人遵循自己的方法来做事情，是很难与人和睦相处的。客服在与快递公司的工作人员打交道时更应该注意与其建立良好的合作关系，因为快递公司是我们得以顺利完成交易的一座桥梁，没有快递公司的运输，我们的商品是无法投送到客户手中的，最终生意就无法做成。如果我们与快递公司的关系处理得不得当，那么我们与快递公司之间的沟通将会变得很艰难，更不用谈减少快递费用的问题了。

2．多找几家快递公司，价比三家

不要只在一家快递公司里发件。如果发货量比较大，则可以试着让快递人员来取件时"撞车"，这样快递公司就会有竞争压力，一场疯狂的价格战和服务战自然就打起来了。

3．与业务员砍价

快递公司的价格不是定死的，还有商量的余地。可以通过下面几种方法把价格压低。

- 要直接找快递业务员砍价，不要找接电话的客服砍价。当然，也可以找快递网点的负责人砍价。
- 可以跟快递业务员说自己每个月都有很多货物要发，这样该业务员就以为有大客户了，就会把价格降低。
- 跟业务员说有很多快递公司的价格比他家的价格低，最好举出其他几家快递公司价格便宜的例子，促使他降价。
- 假设快递公司的价格原来是 15 元，想砍到 12 元，不要直接说 12 元，要心狠一点，说到 10 元左右，那么即使他想抬价也不好意思抬那么高，可能最终的结果是大家互相退一步，定为 12 元左右。

4．不要只图便宜

有些快递公司的价格确实便宜，但这样的快递公司多数是联盟性质的小公司，速度慢不说，还会经常出现包裹丢失或晚到的情况，并且根本查不到物流信息。

5. 要清楚快递公司的发货时间

把快递公司的发货时间问清楚，这家不行就找另一家，以免因为某家快递公司的工作人员忙不开而耽误发货。他们通常会说今天下午发货和明天上午发货都一样，都是赶明天中午的班机，而实际上他们下午没时间收货，而你的货却错过了今晚的班机。

4.4 打消客户对商品质量和价格的疑虑

当客服向客户销售商品时，许多客户会抱怨商品的价格过高。客服首先要对自己的商品有充分的了解。客服应广泛搜集与商品相关的资料，如其他客户的购买记录、人们对该商品的评价，以及商品的各项荣誉和专利技术证书等，让客户觉得商品的质量有保证。

4.4.1 客户担心商品的质量

把客户当成朋友，这样客户会更加信任店铺，不会发生很多问题，即使发生问题，处理起来也更加容易。一次，我问一位皇冠店铺的老板："最近您店里的生意越来越好了，有没有总结经验呢？"他回答："平时我们没事就和客户多聊聊，这样可以增加店铺的人气，而且和很多客户都成了朋友。现在这些人都是我们的忠实客户，他们也会推荐朋友来买我们店里的商品。"

客户在表面上是怀疑商品的质量，而在实际上是对客服不信任。所以，处理好这个问题的关键是要取得客户的信任，让客户相信你所说的话。只是用简单、空洞的语言给客户介绍商品，是难以取得客户的真正信任的。以下方式都是不合适的。

"您放心吧，质量都是一样的。"

"都是同一批货，不会有问题的。"

"都是一样的东西，不会有问题的。"

"都是同一个品牌，没有问题。"

坦诚地告诉客户商品特价的真正原因，用事实说服客户，同时以特价商品实惠、划算作为引导客户立即购买的催化剂。当客服行为坦诚、语言真诚，并且表现得敢于负责的时候，往往很容易取得客户的信任。

客服这时可以采用如下语言来回复客户的担心。

"我能理解您的这种想法，不过我可以负责任地告诉您，这些特价商品之前其实都是正品，只是因为我们为了回馈老客户，特价促销，但质量是一模一样的，您完全可以放心挑选。"如图 4-14 所示。

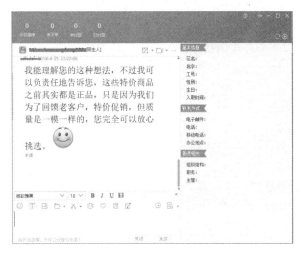

图 4-14　回复客户担心商品的质量

"您有这样的想法可以理解，毕竟您说的情况在我们这个行业里也确实存在。不过我可以负责任地告诉您，虽然我们的这款商品是特价商品，但与其他商品都属于同一品牌，实际质量一样，而且现在的价格比以前要优惠得多，所以现在买真的非常划算！"

4.4.2　客户说其他店铺里的商品便宜

"货比三家"通常是指客户为了挑选最满意、最适合的商品，在一定范围内做一定程度的市场调研、咨询后做出购买决策的行为。市场经济发展越繁荣，货比三家的现象就越多见。

在网上销售商品的过程中，可能经常会遇到客户货比三家的情况，如有的客户会说其他店铺里的商品便宜之类的话。这当然是一个价格问题，但客服必须首先分辨出客户是真的认为你家的商品比其他店铺里的商品贵，还是故意为之，以此作为砍价的借口。

1. 认真分析客户的语言

分析客户在拿你家的商品与哪家店铺里的商品进行比较。如果客户拿大品牌的商品与小品牌的商品相比，那么客服就应向客户说明两者的价格是不能相提并论的，因为品牌的知名度和市场定位都不一样。

2. 不要贬低其他店铺

如果自家店铺里的商品好，那就没有必要通过诋毁其他店铺来证明；如果其他店铺里的商品好，那也没有必要贬损他人。因为往往在贬低其他店铺的时候也贬低了自家店铺在客户心目中的形象。

3．分析自己店铺商品的优势

把本店商品和竞争对手的商品的各种优劣势进行详细比较，采用数据、证书等直观的方式，从店铺的状况和商品的定位、包装、质量等方面向客户说明。

4．强调完善的服务

告诉客户自己店铺里的高价商品背后有着优于竞争对手的完善的服务体系，它是商家持久发展的重要保障。

例如："亲，那可能是真的，毕竟每个人都想以最少的钱买最高品质的商品。但我们这里的服务好，可以 7 天无理由退换货，产品可以提供三年保修，您在别的地方购买，没有这么多服务项目，您还得自己花钱请人来安装，这样既耽误您的时间，又没有节省钱，还是选我们这里比较恰当。"如图 4-15 所示。

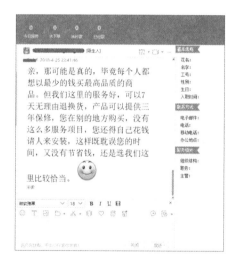

图 4-15　强调完善的服务

5．处理问题的方式

客服在处理客户的问题时一定要从容不迫、语气平和，整个过程都要保持自信，但不要自大，因为处理问题的方式往往比处理问题本身还重要。

4.4.3　如何应对讨价还价的客户

在网络交易中，买卖双方是一对矛盾体，客服希望以最高的价格成交，赚取最多的利润；而客户则希望以最少的费用购买到最好的商品。

　　在沟通过程中，客户一般会对商品的价格提出异议，进行讨价还价。事实告诉我们，讨价还价的过程可能直接影响乃至决定交易的成败。作为一名网店客服，必须掌握一些讨价还价的策略和技巧。这里列出 8 种常见的应对客户讨价还价的技巧。

1．较小单位报价法

　　所谓较小单位报价法，就是将报价的基本单位缩至最小，以隐藏价格的"昂贵"，使客户产生"价格不贵"的错觉。如名牌鞋垫一打是 12 元，那么说每双 1 元会让客户听起来很舒服；每斤茶叶 200 元，说 20 元一两更容易被人认可。客户听到这种形式不一样而实质却一样的报价，其心理感受是大不相同的。

2．证明价格是合理的

　　无论出于什么原因，任何客户都会对价格产生异议，大都认为商品的实际价格比他想象的价格要高得多。这时，客服必须证明商品的定价是合理的。证明的方法就是多讲商品在设计、质量、功能等方面的优点。通常，商品的价格与这些优点有相当紧密的关系，正所谓"一分钱一分货"。店主可以应用说服技巧，透彻地分析并讲解商品的各种优点。

　　当然，不要以为价格低了客户一定会买。大幅度降价往往会使客户对商品产生怀疑，认为它是有缺陷的商品或者滞销品。只要能说明定价的理由，客户就会相信该商品是值得购买的。

3．在小事上要让步

　　在讨价还价的过程中，买卖双方都要做出一定的让步。尤其对于客服而言，如何让步是关系到整个沟通成败的关键。

　　就常理而言，虽然每个人都愿意在讨价还价中得到好处，但并非每个人都是贪得无厌的，多数人只要得到一点好处就会感到满足。

　　因此，客服在沟通中要在小事上表现出十分慷慨的样子，使客户感到自己得到了优惠。比如，免费向客户提供一些廉价的、微不足道的小零件或包装品，以此来增进双方的友谊。

4．比较法

　　为了消除价格障碍，客服在沟通中可以多采用比较法，往往能收到良好的效果。比较法通常是指将所推荐的商品与另一种商品进行比较，以此来说明价格的合理性。在运用这种方法时，如果能找到一个很好的角度来引导客户，那么效果会非常好，如把商品的价格与日常支付的费用进行比较等。

如一位客服这样解释商品的价格："这台全自动洗衣机的价格是 2500 元，但它的使用期是 10 年，这就是说，你每年只花 250 元，每月只花 20 元左右，每天还不到 1 元。考虑到它为你节约了那么多的时间，1 元算什么呢？"如图 4-16 所示。

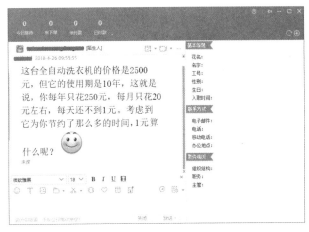

图 4-16　比较法

5．尾数报价法

客服在报价时，可以保留价格尾数，采用零头标价，如报价为 9.98 元，而不是 10 元，使价格保留在较低一级的档次。这样，一方面让人觉得价格低，另一方面又因其标价的精确给人以信赖感。

6．讨价还价要分阶段进行

和客户讨价还价要分阶段进行，不能一下子降得太多。有的客户故意夸大其词，甚至用威胁的口气，并装出要离开的样子吓唬你，如"价格有点贵，我看看再说吧"，这时你千万不要上当，一下子把价格压得太低。你可以表现出很棘手的样子，使用交流工具打出一个思索的图标，实在没办法就比原来的报价稍微低一点，切忌降得太猛了。

7．讨价还价不是可有可无的

首先，客户会相信客服说的都是实在话，他确实买了便宜货。其次，要让客户相信客服的态度是认真的，不是商品质量不好才让价的，而是被逼得没办法才被迫压价的，这样一来，会使客户产生买到货真价实的商品的感觉。

客服千方百计地与客户讨价还价，不仅是为了卖一个好价钱，而且会使客户觉得战胜了对手，得到了便宜，从而产生一种满足感。假使让客户轻而易举地就把价格压下来，其满足感会更淡薄，而且还会有进一步压价的危险。

8. 不要一开始就亮底牌

有的客服不讲究价格策略，在沟通一开始就把最低价抛出来。这种做法的成功率是很低的。要知道，在沟通的初始阶段，客户是不会相信客服的最低报价的。

总之，面对客户的砍价，灵活运用以上策略，就能够轻松应对。

4.4.4　购买多件商品要求打折

如果遇到客户购买多件商品要求打折的情况，那么客服可以首先认同对方的感受，然后通过商品的不同之处、优越性及令人信服的质量保证等来说服客户，让客户知道物有所值。如果对方不依不饶，则可以向老板申请或者以附加赠品的方式等来达成交易。一定要让对方感觉到我们已经在尽力帮他解决这个问题了，并且语气要真诚、态度要诚恳，这样即使最后没有对客户做出任何实质性的让步，客户也会明白你确实已经尽力了。很多客户其实并不一定是为了那点折扣，关键在于他要有一个购买的理由或台阶。可以采用如下的语言来回复客户购买多件商品要求打折的问题，如图 4-17 所示。

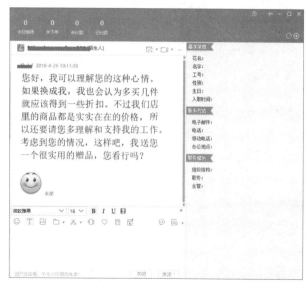

图 4-17　回复客户购买多件商品要求打折的问题

"您好，我可以理解您的这种心情。如果换成我，我也会认为多买几件就应该得到一些折扣。不过我们店里的商品都是实实在在的价格，所以还要请您多理解和支持我的工作。考虑到您的情况，这样吧，我送您一个很实用的赠品，您看行吗？"

4.4.5　老客户要求价格再优惠

只有客户感到满意，他才有可能回头，这个"满意"在很大程度上依赖客户消费时的感受和体验。如果在消费过程中客户的感受是美好的，就会有重复消费的可能。客服的最终目的应该是把客户对店铺和商品的信任一起卖出去，让客户成为长期支持者，形成自己的老客户群，并且通过老客户的介绍带来更多的新客户。所以说，老客户是店铺最好的客户，他们在新品购买、品牌传播、市场竞争等方面都可以给店铺提供更多的支持。网店客服一定要充分利用老客户资源，老客户在购买中所占的比例直接反映了该店铺的竞争力水平。如果确实不能再降低价格，而老客户还强烈要求，那么，为了留住老客户，可以对老客户的消费行为加以回报，如可以通过会员制营销、包邮、赠送小礼品等方式来达到维护老客户的目的。

客服可以采用如下的语言来回复老客户要求价格再优惠的问题，如图 4-18 所示。

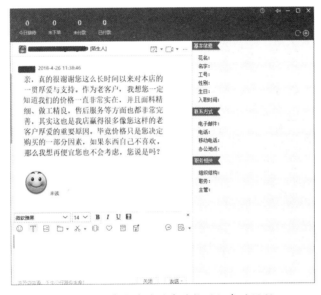

图 4-18　回复老客户要求价格再优惠的问题

"亲，真的很谢谢您这么长时间以来对本店的一贯厚爱与支持。作为老客户，我想您一定知道我们的价格一直非常实在，并且面料精细、做工精良，售后服务等方面也都非常完善，其实这也是我店赢得很多像您这样的老客户厚爱的重要原因。毕竟价格只是您决定购买的一部分因素，如果东西自己不喜欢，那么我想再便宜您也不会考虑，您说是吗？"

4.5　习题

一、填空题

1. 要成为一位沟通高手，首先要学会成为 _____ 的客服。在客户提问的过程中，不要打断客户，对于客户的发问也要 _____ 回答，这样客户才会认为客服在认真地听他说话，善于理解与沟通，觉得被尊重，也才会对店铺里的商品感兴趣。

2. 只有出于对客户的 _____，永远真诚地视客户为朋友，给予客户"_____"和"_____"，才是面对客户的唯一正确心态，才能赢得客户。

3. _____ 是物流运输中必不可少的环节。商品在运输途中难免会磕磕碰碰，质量差的 _____ 容易在运输过程中破裂而导致商品损坏，所以会有很多客户对这一环节极不放心。

4. 选择淘宝网推荐物流"_____"确认后，淘宝客服将帮你通知物流公司上门取货。对于丢件的情况，赔付处理也会更及时，淘宝网会监督物流公司对投诉和索赔进行处理。

5. "_____"通常是指客户为了挑选最满意、最适合的商品，在一定范围内做一定程度的市场调研、咨询后做出购买决策的行为。

二、简答题

1. 与客户沟通的原则有哪些？

2. 客户在购物时有哪些心理？

3. 怎样打消客户对售后的疑虑？

4. 怎样打消客户对包装的疑虑？

5. 怎样打消客户对商品质量和价格的疑虑？

第 5 章
说服客户
达成交易

本章指导

客服经常会碰到客户看中了网店里的商品却迟迟不肯下单的情况。这时候，客服应想办法说服客户下单。"说"就是根据客户的兴趣点向客户介绍商品的优点，并在说服的过程中根据客户的反应调整推荐商品的方向。向客户推荐宝贝，不能教条式地罗列出宝贝的优点，这样只会让客户反感。只有适当地迎合客户的兴趣，才能达到事半功倍的效果。

5.1　客户下单的必要条件

客户对卖家的商品虽然有着浓厚的兴趣，但是如果要想达成交易，还应该满足以下几点要求。

1．满足客户的需要

越能满足客户最近的、最强烈的需要，就越有可能成交。成交的机会往往与客户需要的强度成正比。

2．客户产生购买欲望

客户有了需要，就能产生购买欲望；有了购买欲望，才能唤起客户的购买行为。

3．客户必须对商品有所了解

当客户有了某种需要后，还要具体了解我们的商品能否满足他的需要。客户一般不会在自己还不了解商品时就购买，这也是进入成交阶段的基础。客服可以通过提问来分析客户是否了解店铺里的商品，是否愿意成交。如果客户还没有充分了解商品，那么他自然会毫不客气地拒绝成交的建议。

4．客户的信任

客户的信任也是达成交易的必不可少的条件之一。没有这种信任的态度，不管你的商品多么吸引人，客户都会动摇。因为客户更多考虑的是购买的商品使用后的效果，如果不能给客户提供可靠的信誉保证，那么客户是不会轻易拍下并购买的。

5．要在适当的时机促使客户做出购买决定

"急于求成"反而会"欲速则不达"，与客户达成交易要等待适当的时机。每次洽谈也有高潮和低潮之分，如果没有能够在这次高潮时与客户达成交易，那么应该争取在下一次高潮时与客户达成交易。但不要为了达成交易而做出太大的让步，这样反而更容易引起客户的怀疑，从而影响到最终的销售。

6．抓住重点，解决关键问题

影响客户做出购买决定的因素往往集中在一两个重点问题上。客服应及时抓住这一两个重点问题，努力说服客户，有针对性地打消客户的疑虑。这一两个重点问题解决了，客户的态度就明朗了，交易也就达成了。这是一种极其有效的方法，这样做还可以缩减洽谈内容、压缩洽谈时间、提高工作效率。

7. 排除异议

客户异议表现在多个方面，如价格异议、功能异议、服务异议、购买时机异议等。有效地排除客户异议是达成交易的必要条件。一位有经验的客服在面对客户争议时，既要采取不蔑视、不回避、注意倾听的态度，又要灵活运用有利于排除客户异议的各种技巧。

8. 必须了解客户

客户感兴趣的是什么？他会提出什么样的反对意见？客户为什么会做出这样的购买决定？先了解清楚这一切，然后针对客户的情况寻求相应的对策，尽快帮助客户做出购买决定。

即使客户拒绝购买，也不应该放弃努力。成功交易诚然是网上开店的直接目的，但这并不是一锤子买卖，这次没达成交易，保持良好的关系，以后还可以洽谈。从长远来看，一切事物都处在变化之中，新情况随时都有可能出现，今天他什么都没买，以后却可能成为你的大客户。

5.2　说服客户的原则

客服说服客户的关键就是取得客户的信任，这就要求客服从一开始就要营造出认同的氛围，从客户的角度出发，为客户着想，再理性分析、对症下药，站在专业的角度为客户出谋划策。

5.2.1　先假定客户是认同的

从谈话一开始，客服就应该试图营造一种说"是"的氛围，而不要形成一种说"否"的氛围。也就是不要把客户置于不同意、不愿做的位置，然后去批驳他、劝说他。如"我知道你不会买，可是你已经拍下了，还能怎样呢？"这样的说法客户往往是难以接受的。在说服客户时，客服要先假定客户是认同的，如"我知道您觉得这件商品挺适合您，只是还有点犹豫而已""这条裙子很适合您"等，从积极、主动的角度出发去启发、鼓励客户，帮助他提高信心，并接受自己的建议。

5.2.2　一切从客户的角度出发

要想说服客户，客服就要考虑到客户的观点或行为存在的客观理由，即设身处地地为客户着想，使客户产生一种"自己人"的感觉，这样说服的效果会十分明显。

客服一定要以真心、诚心作为服务宗旨，这是维护良好客户关系的基础。与客户的交易一定要追求双赢。在交易时要注意，不要把对客户没有用或并不适合客户的商品介绍给他，也不要让客户花多余的钱，要尽量减少客户不必要的开支。即使没有交易成功，多交一个朋友，收获也不小。

只有从客户的角度出发，才能理解客户的真正顾虑，找到问题的真正原因，知道从哪里入手说服客户；也才能用客户的思维方式考虑问题，说出客户的想法，帮助客户做出决策。

5.2.3　积极取得客户的信任

客服在说服客户的时候，最重要的是取得客户的信任。只有在客户相信客服之后，他才会正确地、友好地理解客服的观点和理由。社会心理学家认为，信任是人际沟通的"过滤器"。只有对方信任你，才会理解你友好的动机；否则，即使你说服他的动机是友好的，也会经过"不信任"的"过滤器"而变成其他意图。因此，在说服客户时取得客户的信任对客服来说是非常重要的。

信任是客服说服客户的关键，只要取得了客户的信任，说服工作就会事半功倍；相反，如果客户不信任客服，说服就是无效的。

从客户的角度出发，站在客户的立场上考虑问题，是取得客户信任的前提。只有这样，才能想客户之所想、急客户之所急，最终取得客户的信任。

在沟通中，客服友善的态度、饱满的工作热情也有助于取得客户的信任。客服要注意和客户保持长期关系，要知道信任感是可以积累的，这有利于以后的服务工作。

5.3　针对不同类型客户的说服策略

客户受性别、年龄、性格等因素的影响，对相同商品的反应也不尽相同。因此，客服应该因人而异地对待客户。

5.3.1　外向型客户

外向型客户一般做事情很有自信，凡事亲力亲为，不喜欢他人干涉。如果他意识到做某件事是正确的，就会比较积极地去做。遇到此类型的客户，要先赞同其想法和意见，而不要争论，再运用诱导法将其说服。在向他们推荐商品或服务时，要让他们有时间说话，研究他们的目标与需要，注意倾听他们的心声。

5.3.2　优柔寡断型客户

有的客户在客服对商品进行了解释说明后，仍然优柔寡断，迟迟不能做出购买决定。对于这类客户，客服要极具耐心，并多角度地强调商品的特征。在说服过程中，客服要做到有理有据、有说服力。这类客户犹豫不决，又想买又不想买，客服要想方设法下"最后通牒"，比如"店里的打折优惠马上就要结束了""这种商品所剩不多了"等，让客户有"过了这个村儿就没这个店儿"的感觉，从而痛下决心，如图5-1所示。

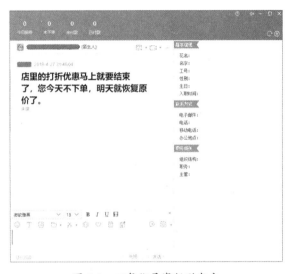

图 5-1　回复优柔寡断型客户

5.3.3　直接问价型客户

直接问价型客户一般已经看中了我们的商品，只是为了确定货源、价格及运费。针对他们的问题，客服一定要以最快的速度回答，并且回答要清楚，不能含糊不清，不可拖拉，否则可能会因此而流失性急的客户。当然，也有一些问得特别细致的客户，想在成交之前把商品的相关性能了解清楚，这时客服就更需要耐心而详细地回答他们的问题。不能因为客户的问题太多而爱搭不理，这样的客服会让客户产生一种不敢信任的感觉，自然很难达成交易。

5.3.4　理智型客户

理智型客户的购买行为是在理性购买的动机支配下形成的。这种类型的客户头脑冷静、清醒，买东西有原则、有规律，很少受外界环境的干扰。他们在购买商品时，很少受广告宣传、商标及华丽包装的影响。他们通常是在生活中很负责任的人，所以在购买商品前会比较理智，大多数会认真研究要购买的商品，逐一对比哪种最适合自己，然后才会选择购买。他们一般最关心商品本身的优缺点及自己是否需要。这类客户在购买前多数心中已有了定论，需要的是客服用自己的专业知识来分析商品的优劣势，帮助他们做出购买决定。如果强行向他们推销宣传，则很容易引起他们的反感。而且如果客服无法以理性的态度处理，那么客户将会认为该客服的专业知识不够，从而失去客户的信任。对待这类客户，应详细介绍商品的各种特性和优点。

5.3.5　首次网购的客户

第一次在网上购物的客户最害怕的就是上当受骗，而且因为没有经验，所以很多新手客户对购物的流程不是很了解。在拍下宝贝之后，他们在付款时往往会有很多不明白的地方，一般会向客服询问。这时，客服一定要耐心地解答。如果客服自己也不清楚，则应该帮客户一起想办法解决，并告诉他不用着急。这样做会让客户感觉我们很可靠，不是一心只想着赚钱的商家，也就愿意和我们交朋友。

在客户付款之后，一定要及时发货，并告诉客户到货时间。在与第一次购物的客户进行交易时，最好能适当送一些小礼物作为留念，这样客户会觉得我们很贴心，也很让人放心，以后再有需要会直接找到我们。

5.3.6　闲聊型客户

闲聊型客户要么是来讨经验的，要么觉得我们人不错，想和我们聊聊。如果你认为这是在耽误时间，可就错了，这类客户很可能成为我们以后的客户，他现在和我们做了朋友，当需要店里同类商品的时候，自然第一个想到的就是我们。所以，如果你不是特别忙，则一定要非常真诚地同他聊聊，也许从他那里可以得到一些不错的经验。如果你比较忙，那么，只要向他说明，一般都会得到谅解。

5.3.7　从众型客户

从众型客户有一个鲜明的特点：喜欢猜测别人的想法。他们不仅关心商品本身，还关心有多少别的客户购买了这件商品，以及别人对这件商品的评价。这类客户非常在意周围人对商品的评价，所以他们的购买行为常受他人意见的左右。淘宝网提供了一个功能——可以看到别的客户在看某件商品的同时还看过什么商品，这是根据客户的"从众"心理研发出来的。

既然这类客户的购买决定易受外部环境的影响，那么客服就要用积极的态度，给予客户强有力的正面暗示。遇到这类客户，客服不仅可以把商品的功能、外界的广告宣传尽量展示出来，而且可以把自商品销售以来别人的好评展示出来。

淘宝网还提供了一个"超级买家秀"功能，很多店铺专门把"超级买家秀"作为一个页面展示出来，在增强客户信心的同时，也能达到很好的口碑宣传的效果。

买家秀是买家尽情展示淘宝购物体验和心情故事的地方。买家不仅可以通过文字或图片方式自由地展示出所购买的商品质量和外观，还可以写下购物心得和卖家提供的服务质量等问题。同时，买家秀也是卖家和买家之间的一种互动宣传方式。如图 5-2 所示为买家秀。

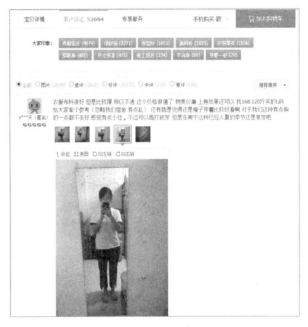

图 5-2　买家秀

5.3.8　稳重谨慎型客户

个性稳重的客户是比较精明的，他们注意细节，思考缜密，决定迟缓，并且个性沉稳、不急躁。另外，有些客户生来行动谨慎，挑选商品时动作缓慢，左右比较拿不定主意，还可能因犹豫而中断购买，甚至购买后还疑心上当受骗。对待这样的客户，我们应该怎么办呢？

对于这种类型的客户，无论如何一定要想办法让他说服自己，否则他是不会做出购买决定的。不过，一旦赢得了他们的信任，他们就会非常坦诚。

在淘宝网上,客户看不到客服的笑脸,所以店铺的界面一定要做得友好,客服一定要让客户"感觉"到自己的笑脸。可以先寻求相互之间的共同点,让客户把自己当成朋友,从而排除客户紧张的情绪,尽量让客户放松下来。然后中肯地介绍自己的商品,注意不要夸大其词,否则会适得其反。另外,也可以通过一些有力的证据向客户证明自家店铺的实力。比如,有的店铺把自己的进货单和发货单上传到网上,可以尝试一下。

5.3.9　VIP 型客户

VIP 型客户通常非常自信,认为自己最重要,自己的看法全部正确,往往给人一种目中无人的感觉。他们是自己世界里的统治者,因此在购买商品时一旦感觉到客服轻视他,他们的抵触心理就会很强烈。

对待这样的客户,要尽量顺从他的意见。当这类客户自诩内行的时候,客服一定要沉住气,让客户畅所欲言,尽量表示赞同,鼓励其继续说下去——客户"得意忘形"的时候便是最佳的推销时机。另外,给予他们 VIP 称号也是一个不错的主意。当这类客户享受到店铺提供的专项服务及购物的优惠方案时,他们更容易产生满足感,进而下单购买。

给予符合某种条件(如购物满 100 元)的客户某种 VIP 称号,能够有效地吸引客户重复购买。当然,有条件的店铺可以发行自己的实物 VIP 卡,其效果比虚拟的 VIP 卡要好得多。

另外,VIP 型客户在不满意的时候经常说"你必须怎样""找你们老板来"之类的话。面对这种情况,比较有效的解决办法是"绵里藏针":一方面,要在感情上予以安抚;另一方面,要在适当让步的时候坚持原则。

5.3.10　冲动型客户

冲动型客户在购物时完全被冲动战胜理智,经常买一些用不着的东西,广告及旁人的意见会影响他们的购买决定。他们完全凭借着一种无计划的、瞬间产生的、强烈的购买渴望,一直以主观感受为主,新产品、新服务项目对他们的吸引力较大,以"90 后"居多。这类客户如果接触到一件合适的商品就会立即买下,而不愿进行反复比较。

由于这类客户在选购商品时易受商品外观和广告宣传的影响,所以毫无疑问,做好商品的描述和店铺装修就成了网店经营的重头戏。人的信息量 80% 来源于视觉,就算不是冲动型客户,也喜欢逛装修精美的店铺。

面对这样的客户,客服首先要提醒他们是否看清了宝贝描述。其次,在店铺装修和宝贝描述中不能有欺骗客户的成分，因为这类客户通常都是由于广告的效果而引来的流量，所以一定要在宝贝描述中写清楚宝贝图片是否与实物有差距。

5.3.11　挑剔型客户

挑剔型客户一开始就怀疑客服，不管客服介绍的情况是否属实，他都会认为客服在骗人。对待这类客户，不要加以反驳，也不应抱有反感的心态，而要耐心地沟通。

对于难缠的客户，并不是要"对抗"，而是要"消除、解决和合作"，将最难缠的客户转化为最忠实的客户。

应对方法是展示优点、扬长避短，例如："虽然你不喜欢这件商品的款式，但是比起外观，功能才是最重要的，不是吗？"如图 5-3 所示。

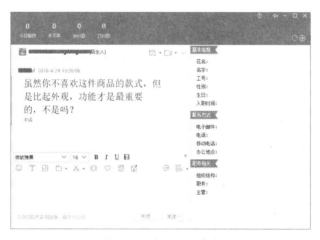

图 5-3　回复挑剔型客户

5.4　尽快促成交易的几种方法

下面介绍尽快促成交易的几种方法。

5.4.1　优惠成交法

优惠成交法又称让步成交法，是通过提供优惠条件促使客户立即购买的一种方法。这种方法主要利用客户购买商品的求利心理，通过销售让利促使客户成交。这种方法能够增强客户的购买欲望，融洽买卖双方的人际关系，有利于双方长期合作。

这种方法尤其适用于销售某些滞销品，以减轻库存压力，加快存货周转速度。但是，采取优惠成交法，通过让利来促成交易，必将导致销售成本上升，如果没有把握好让利的尺度，则还会减少销售收益。

在使用优惠成交法时，客服要注意以下 3 点。

- 让客户感觉自己是特别的，优惠只针对他一个人。
- 千万不要随便给予优惠，否则客户会提出进一步的要求，甚至我们无法接受的要求。
- 先表现出自己的权利有限，需要向领导请示："对不起，在我的处理权限内，我只能给您这个价格。"然后话锋一转："不过，因为您是我的老客户，我可以向经理请示一下，给您一些额外的优惠。但这种优惠很难得到，我也只能尽力而为。"这样，客户的期望值就不会太高，即使得不到优惠，也会感到我们已经尽力，不会埋怨我们，如图 5-4 所示。

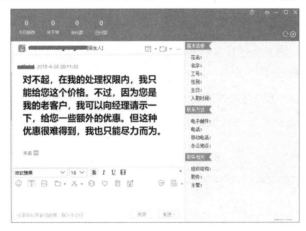

图 5-4　优惠成交法

5.4.2　保证成交法

保证成交法是客服直接向客户提供成交保证来促使客户立即成交的一种方法。所谓成交保证，是指客服对客户所允诺担负的交易后的某种义务。保证成交法针对客户的忧虑，通过提供各种保证来增强客户的决心，既有利于客户迅速做出购买决定，也有利于客服有针对性地化解客户异议，有效促成交易。采用此法必须"言必信，行必果"，否则势必会失去客户的信任。

1. 使用保证成交法的优点

- 可以消除客户的成交心理障碍。

- 可以增强客户成交的信心。
- 可以增强说服力和感染力。
- 有利于客服妥善处理与成交有关的异议。

2. 使用保证成交法的时机

- 当商品单价高昂，成交金额大，风险大，客户对商品不十分了解，对其性能、质量没有把握，存在成交心理障碍，犹豫不决时，应向客户提供保证，以增强客户成交的信心。
- 客户对商品的销路尚无把握，或者在客户的心目中商品的规格、结构、性能复杂，这时应向客户提供保证，打消其疑虑。
- 客户对交易后可能遇到的一些问题还有顾虑，如运输问题、安装问题等，此时应通过提供保证，解除客户的后顾之忧，促使其尽快做出成交决定。

如下所示对话就使用了保证成交法与客户进行沟通。

客户："如果我买了这件商品以后发现问题，比如质量问题，该怎么办呢？"

客服："我们的商品的生产过程是非常严谨的，绝对没有问题。万一出现问题，我们将马上给您更换。"如图 5-5 所示。

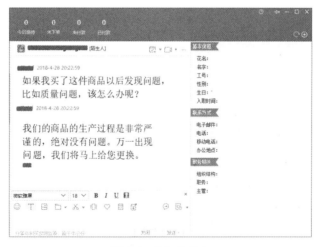

图 5-5　保证成交法

5.4.3　从众成交法

从众成交法也称排队成交法，是客服利用客户的从众心理，促使客户立刻购买商品的一种方法。在运用此方法前，必须分析客户类型及其购买心理，有针对性地适时采用，积极促使客户购买。

从众成交法利用了客户的从众心理,可简化客服劝说的内容、降低劝说的难度,但不利于准确、全面地传递各种商品信息,对于个性较强、喜欢表现自我的客户往往会起到相反的作用。

使用从众成交法时出示的有关文件、数据必须真实可信,采用的各种方式必须以事实为依据,不能凭空捏造、欺骗客户;否则,受从众效应的影响,不但不能促成交易,反而会影响店铺的信誉。

例如,客户看中了一台豆浆机,却没有决定是否购买。这时可以告诉客户:"您真有眼光,这是目前最为热销的豆浆机,平均每天要销 200 多台,旺季还要预订。"如果客户还在犹豫,则可以说:"我们员工也都在用这款豆浆机,都说方便、实惠。"这样,客户就很容易做出购买决定了,如图 5-6 所示。

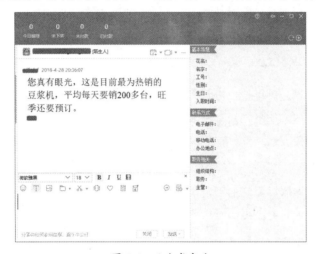

图 5-6　从众成交法

5.4.4　机不可失成交法

机不可失成交法主要利用了人们"怕买不到"的心理。人们对越得不到、买不到的东西,越想得到、买到,这是人性的弱点。一旦客户意识到购买这种商品是难得的良机,那么他会立即采取行动。机不可失成交法正是抓住了客户"得之以喜,失之以苦"的心理,通过给客户施加一定的压力,来敦促其及时做出购买决定。

机不可失成交法利用人们害怕失去原本能够得到的某种利益的心理,可以引起客户的注意,刺激客户的购买欲望,避免客户在成交时提出各种异议,把客户成交时的心理压力变成成交的动力,促使他们主动提出成交。

当一个人真正想要得到某件商品的时候,会因为害怕无法得到而不由自主地产生一种紧迫感,在这种心理的作用下,就会积极地采取行动。针对客户这样的心理,客服在与其沟通时,要善于恰当地制造一些悬念，如只剩下 1 件商品、只有 5 天的优惠活动、已经有人订购了等，让客户产生一种紧迫感，觉得如果再不买，就错过了最佳的购买机会，可能以后就没有机会得到了，从而促使客户果断地做出决定，使交易迅速达成。

客服在使用这种方法的时候要注意以下几点。

- 限数量：主要表示"数量有限，欲购从速"。
- 限时间：主要是在指定时间内享有优惠。
- 限服务：主要是在指定的数量内会享有更好的服务。
- 限价格：主要针对要涨价的商品。

5.4.5　赞美肯定成交法

每个人都喜欢听好话，可以说，没有人喜欢别人指责自己。即使好朋友，当我们指出他的错误时，也需要善意地提醒，如果当众说出来，则会让他的面子挂不住，严重的时候可能会连朋友都没得做了。而对于赞美之词，一般情况下，人们都会乐于接受，即使赞美有些过头，往往也会"来者不拒"。

赞美肯定成交法是客服以肯定的赞语坚定客户的购买信心，从而促成交易的一种方法。肯定的赞语对客户而言是一种动力，可以使犹豫者变得果断，使拒绝者无法拒绝。

在网络交易中，可以运用一些赞美的小技巧，让客户在购物的过程中不仅能买到自己中意的宝贝，也能收获一份好心情。更重要的是，这会让客户更加喜欢我们的店铺，加深对店铺的印象。如果客户对商品很满意，那么他最终会成为我们最忠实的客户。

例如，当一位女客户为挑选上衣的颜色而犹豫不决时，客服采用赞美肯定成交法应说：

"您还是选那件黑色上衣吧！黑色是今年的流行色，您穿上更显出与众不同。"如图 5-7 所示。

"您真是独具慧眼，您挑的鞋正是今年最流行的款式。"

客服采用赞美肯定成交法，必须确认客户对商品已产生浓厚兴趣。客服在赞美客户时一定要发自内心，态度要诚恳，语言要实在，不要夸夸其谈，更不能欺骗客户。

客服由衷的赞语是对客户最大的鼓励，可以有效地促使客户做出购买决定。但是这种方法有强加于人之感，运用不好可能会遭到拒绝，难以再进行深入的交淡。

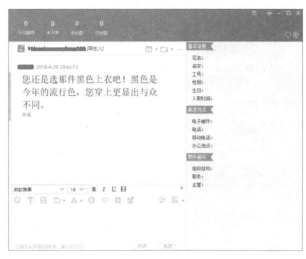

图 5-7　赞美肯定成交法

5.4.6　步步为营成交法

步步为营成交法需要牢牢抓住客户所说的话，来促使洽谈成功。这种成交技巧对成交有很大的好处。步步为营成交法要求一步一步地解决客户提出的问题，谈话尽量围绕客户的问题展开。如果客户说："你这里的产品还不错，价格也实惠，但是我希望能够购买到一部经济实惠、款式时尚、功能齐全的手机，好像你这里没有这样的产品。"那么，客服可以马上回复："那好，我给您推荐另一款满足您需求的产品，并且价格同样实惠，您能拍下吗？"

例如，一位客户进入店铺后，要求客服给他推荐一款手机。

客服："这款手机不错，您看怎么样？"

客户："这款手机的颜色搭配不怎么样，我喜欢那种黑色的。"

客服："我能为您找一款黑色的，怎么样？"

客户："哎呀，价格是不是太高了？我出不起那么多钱啊，我最多出 800 元！"

客服："您别急，我问问老板，看看最低多少钱，如果降到差不多的价格，那您买吗？"如图 5-8 所示。

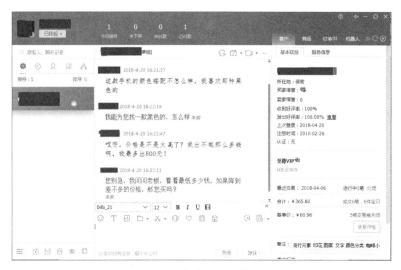

图 5-8　步步为营成交法

一环套一环，这种方法的技巧就是牢牢抓住客户所说的话，来促使洽谈成功。运用这种战术，一般成交的概率比较大。

5.4.7　用途示范成交法

在向客户介绍商品时，免不了要介绍商品的用途，但这并不意味着仅仅罗列商品的用途，还需要进行演示。例如，利用摄像头现场示范或者拍摄一些视频短片，往往会加深客户对商品的印象，使客户获得一种安稳的感觉，增加他们对商品的信任感。这样，客户一方面早已心动，另一方面体会到了商品的特点，就会毫不犹豫地购买。如图 5-9 所示为玩具的视频演示。

图 5-9　玩具的视频演示

5.5　习题

一、填空题

1. 从谈话一开始,客服就应该试图营造一种说"___"的氛围,而不要形成一种说"____"的氛围。也就是不要把客户置于不同意、不愿做的位置,然后去批驳他、劝说他。

2. 要想说服客户,客服就要考虑到客户的观点或行为存在的客观理由,即设身处地地为客户着想,使客户产生一种"_____"的感觉,这样说服的效果会十分明显。

3. _____ 客户一般已经看中了我们的商品,只是为了确定货源、价格及运费。

4. _____ 客户在购物时完全被冲动战胜理智,经常买一些用不着的东西,广告及旁人的意见会影响他们的购买决定。

5. _____ 法是客服直接向客户提供成交保证来促使客户立即成交的一种方法。

二、简答题

1. 达成交易的必要条件有哪些?

2. 简述说服客户的策略。

3. 简述说服各类型客户的方法。

4. 说服客户下单有哪些方法?

第 6 章
售后的交易纠纷处理

本章指导

　　客服在工作中经常会接到客户的投诉。只要客户所购买的商品或服务和他的期望值之间存在差距，就会产生投诉。投诉的危害是相当大的。所以，掌握好客户的投诉与交易纠纷处理技巧对于客服来说是非常必要的。

6.1　售后服务的重要性

大部分卖家的售前准备面面俱到、售中服务完美无瑕，售后服务却微乎其微，恨不得交易完成后和消费者永无关系。以这种思维做电商注定是没有前途的。在未来的电子商务市场上，售后服务注定是市场营销的重要环节，是电商发展的生命所在。

6.1.1　提升客户的满意度，获取优质口碑

从品牌层面来看，良好的售后服务是维护消费者对品牌价值统一认识的重要措施。品牌价值 = 商品价值 + 体验价值 + 消费者感知价值。在电子商务交易环节中，商品在交付消费者之前，消费者只能感知到商品价值，而对商品价值的体验和确认却发生在交付商品之后，这时候售后服务承担着把消费者对商品的价值感知和价值体验与确认统一起来的责任。

从电子商务实践来看，良好的售后服务本身也具有交易价值，消费者为优质的售后服务体验多付出费用是可以接受的，这就是同样的东西别人能卖高价的原因。在交易过程中，难免会产生交易纠纷，如果售后服务不到位，直接反馈的就是 DSR 评分的降低、店铺的负面评价增加，甚至会影响到店铺的形象。售后服务做得好，客户满意度提高，DSR 评分也就会提高，如图 6-1 所示。

图 6-1　满意度高的 DSR 评分

6.1.2　提升复购率

很多客户在首次购买后，由于在整个购物过程中出现了不满意的体验，从而导致不会重复购买商品，甚至还会对其不满意体验进行传播。在电子商务交易过程中，如果客户产生了不满意的体验，一般来说，首先想到的是在线售后客服，这时，售后服务就起到了至关重要的作用。售后服务做得好，对于很多交易来说，不但解决了前期产生的不愉快，而且和客户有了更深入的接触，甚至把对店铺有过不满情绪的客户转化成店铺的长期重要客户。因此，做好售后服务，可以提升店铺的复购率，如图 6-2 所示。

图 6-2 提升店铺的复购率

6.1.3 降低店铺的负面影响

如果客服没有进行有效的售后服务管理，就有可能导致店铺受到降权、商品下架、店铺扣分、限制活动、屏蔽店铺等处罚，严重者还会导致店铺被封。因此，在线售后服务承载着整个接待过程中的沟通和交易完结后跟踪服务把控的重要使命。只有对售后服务把控好，才能使店铺规避风险，把负面影响降到最低，从而提升客户的满意度。

6.2 淘宝网交易纠纷产生的原因

当交易出现纠纷时，采取积极主动的态度来处理问题往往可以息事宁人，并且还能获得客户的赞誉。而加入消费者保障计划的卖家需要更加重视这一点，如果没有很好地处理交易纠纷，那么淘宝网可能会使用冻结的保证金来对客户进行先行赔付。

6.2.1 客服问题

（1）客服没有做到对商品继续进行全面、客观的描述，造成客户的误解。比如，对于商品颜色、尺码、型号的描述含糊不清，或者对商品使用了非专业的描述，都有可能造成客户的误解。造成这种纠纷的原因主要是客服对商品的属性不是十分了解。如图 6-3 所示为商品颜色问题。

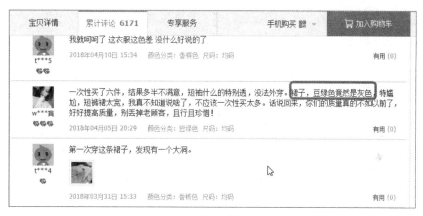

图 6-3　商品颜色问题

有的客户是行家，可以用专业词汇进行描述。而非专业的客户对专业词汇一知半解，会按照自己的理解去感知这件商品，很容易产生纠纷。

（2）客服没有考虑到商品以外的一些问题。例如，商品保质期、商品物流费用、发货时间、商品运输过程中的问题等导致的交易纠纷。

（3）发错、少发货物，尤其是在客户签收货物之后提出"卖家少发了货物"，客户以"确实没有收到货物"为由要求卖家退款，卖家以"为何在签收时不拒绝收货"为由拒绝赔款。这种纠纷往往很难辨别。

（4）客服的态度差，遇到问题不积极处理，而采取回避的态度，如图 6-4 所示。

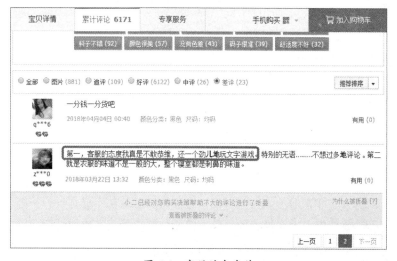

图 6-4　客服的态度差

（5）客服没有采用防止商品损失的送货方式。货物到达客户手中已经损坏，而客户在签收时没有向承运公司提出赔偿。

6.2.2　客户问题

（1）客户在购买前没有仔细阅读商品描述。这是最容易造成纠纷的情况。有的客户急匆匆地购买了好几件化妆品，买回来后却发现没有内包装。仔细看看商品描述，写得十分清楚——"无内包装"。

（2）客户对商品缺乏认识，按照自己的标准对商品描述和商品实物进行理解和评判。

（3）客户对商品的期望值过高，从而导致收到商品时不满意。客户对商品的期望值太高，但拿到货物时却比较失落，所以决定给卖家中评或差评。俗话说"一分钱一分货"，有些商品，尤其是外贸名牌返销的商品，或多或少会存在质量问题。

（4）客户由于自身管理不善导致商品受损。客户购买了易碎商品，拿到货物后却重拿重放导致受损，能说是卖家的责任吗？

（5）由于购买匆忙，结果没有买到最低廉的商品。一模一样的东西，有人卖 200 元，有人卖 150 元。而客户恰恰买了 200 元的那个，回头又看见 150 元的。你能说卖家欺诈吗？但这也会造成纠纷。

（6）竞争对手的恶意报复行为。这种纠纷也是最难解决的，一定要收集到证据，证明是竞争对手的恶意报复。

6.3　尽可能地避免交易纠纷

卖家做生意的时间久了，和不同的人打交道，或多或少会遇到一些纠纷。很多纠纷是由于双方沟通出现了问题，其实只要注意一些细节，就可以避免很多误会和纠纷。那么，作为卖家，如何防患于未然，尽可能地避免交易纠纷呢？

1．严把商品质量关

在网上开店，竞争是非常激烈的，但在任何时候商品质量都不能打折，否则就很难在激烈的市场竞争中立足。这就要求卖家在进货的时候一定要把好质量关，比如做运动鞋的，在进货时宁愿进货价格高一点,也要选质量好的。在发货的时候再把鞋子检查一下,哪怕有一个线头都要剪掉，保证发给客户的是一件非常完美的、高质量的商品。如图 6-5 所示为商品质量纠纷。

图 6-5 商品质量纠纷

2．关于色差问题

现在有很多卖家往往喜欢使用杂志、网站或者厂家提供的模特图片，而不去拍实物图，造成图片失真，以至客户收到货后，给出"照片是天使，实物是垃圾"之类的差评。客户在网上买东西是看不到实物的，图片就是客户判断商品优劣的重要依据，所以卖家一定要提供实物图。

3．对待客户要热情

要善于利用阿里旺旺的表情营造一种轻松愉快的对话氛围。有时会有几位、十几位客户同时咨询商品，客服感觉忙不过来，这时要向客户说明情况，不要不回复或者很晚才回复客户，让客户等很久，这些都是不礼貌的行为，是对客户的不尊重。

4．商品描述与实际不符

商品描述与实际不符很容易产生纠纷。客服在描述商品时应尽量使用客观的语言，不要误导客户，这样就可以尽可能地避免这种纠纷的出现。

5．成交后再次确认有关信息

尽管在前期的沟通中已涉及客户所购买商品的部分信息，但在客户付款后，仍要再次确认一下商品的有关信息（如名称、款式、大小、件数、颜色等），一方面留下最后确认的交易凭证（防止日后少数客户以发错货为由进行投诉），另一方面也可以提醒自己核对彼此达成的正确交易信息，避免出现发错货的情况。

6．发货前再次核对客户的联系信息

发货前要再次确认客户地址、姓名及联系电话等信息。因为默认的地址可能是客户的家中地址，但工作日家中无人，需要寄到客户单位才有人签收；或者宝贝是客户送给朋友的，所以需要寄到朋友的地址。这类问题其实只要客服多问一句就可以避免。

7．发货前仔细检查

发货前一定要仔细检查商品的完整性，以减少买卖双方在商品质量方面的纠纷。而且一旦有不良客户找碴儿，客服也有底气应对。

如果客户购买的商品数量较多，那么卖家在发货前一定要仔细检查商品的数量、颜色及号码。因为同一款商品有不同的颜色、号码，如果因一个小小的疏忽而招致退货、换货甚至差评，则是得不偿失的。所以客服应该在和客户沟通的时候准备好记录簿，把这些信息记录下来，千万不可遗漏。

8．发货后告知客户

发货后使用阿里旺旺告知客户快递单号，以及大概的到达时间，方便客户收货。同时提醒客户收货时要当着快递的面先检查后签收，有问题马上和卖家联系解决。

9．发货后有问题及时处理

卖家发货以后，商品在运输途中及送到客户手上后可能会出现这样或那样的问题。一旦出现了问题，客服一定要注意自己的态度，要先让客户把事情说完，而且要认真地倾听；等客户说完以后，客服一定要说一些安抚及道歉的话，并且用委婉的语言来阐述自己对这件事情的看法及解决方案，及时地提出补救建议，并且采取有效的补救措施。对于这一点千万不可大意，不要嫌麻烦，要坦然面对。如图 6-6 所示为没能及时解决问题的例子。

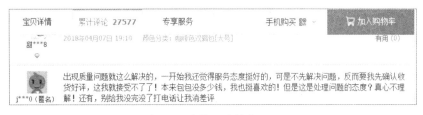

图 6-6　没能及时解决问题

10．熟悉淘宝网规则

尽管在淘宝网上的大部分客户是很友好的，但是难免会有一小部分客户或卖家利用种种手段

对其他"淘友"进行欺骗。对买卖双方付出的劳动需要给予同样的尊重。客服应该积极学习淘宝网的各项规则，学会使用法律武器来维护自己的合法权益。

6.4　处理客户投诉的基本原则和策略

处理客户投诉是整个交易过程中最重要也是最困难的环节，客服一定要认真对待。

6.4.1　处理客户投诉的基本原则

如果客户对店铺进行了投诉，那么，除了表明客户对店铺寄予厚望与信任，也说明店铺在业务能力方面仍存在需要改进的地方。客户的抱怨与投诉越多，说明店铺存在的缺点越多，而客户投诉的地方正是店铺做得不够好的地方。因此，客户的投诉是宝贵的信息，它可以指导客服更好地为客户提供优质服务。

任何一家店铺在为客户提供服务的过程中，都难免会因服务质量、商品质量及售后服务等而接到客户的投诉，因此，正确地处理客户投诉已经成为店铺经营管理中的重要内容。下面给出处理客户投诉的几个原则。

（1）要有"客户始终正确"的观念。只要有了这种观念，就会用平和的心态来处理客户的投诉。

（2）保持心态平和，就事论事，保持主动、关心、友善与乐于助人的态度。

（3）应该认识到有投诉和不满的客户是对店铺有期望的客户。

（4）认真听取客户的投诉，确认事情发生的真正原因。

（5）对于客户的投诉行为应该给予肯定、鼓励和感谢。

（6）对细节进行记录，感谢客户所反映的问题。

（7）掌握问题的核心，提出解决方案并予以执行。

（8）总结客户的投诉，妥善处理得失。

6.4.2　处理客户投诉的策略

在网店经营过程中，可能会接到客户各种各样的投诉，如果不能正确地处理客户的投诉，那么将给店铺带来极大的负面影响。一定要积极地回应客户的投诉，适当地对客户做出解释，消除客户的不满，让他们传播店铺的好名声，而不是负面的消息。处理客户投诉的策略主要有以下几种。

1. 重视客户的投诉

客户投诉不仅可以增进客服与客户之间的沟通，而且可以诊断店铺的内部经营与管理所存在的问题，进而改进店铺的经营与管理。

2. 及时道歉

当出现客户投诉事件时，客服必须主动向客户道歉，让客户知道因为给他带来不便而感到抱歉。即使不是客服的过错，客服也要在第一时间向客户道歉。

3. 耐心多一点，没错也承认有错

客服在了解到客户投诉的具体事由后，如果确实是己方的错误，就应该勇于承认，并向客户道歉，不要试图狡辩。因为处理客户投诉的目的就是化解客户的不满，重新赢得客户的信任。客户投诉往往就是为了讨一个说法，他们要的也许只是客服能够承认错误。

在处理客户投诉时，要耐心地倾听客户的抱怨，不要轻易打断客户，更不要批评客户的不足，而要鼓励客户倾诉下去，让他们尽情宣泄心中的不满。在耐心地听完客户的倾诉后，再说不好意思或对不起，当他们的发泄得到满足之后，就能够比较容易地接受客服的解释和道歉了。

4. 态度好一点，语言得体一点

态度谦和友好，会促使客户平稳心绪，理智地协商解决问题。客户对商品不满，在发泄不满时有可能会言语过激，如果此时客服与之针锋相对，则势必会恶化彼此的关系。在解释问题的过程中，客服的措辞要合情合理、得体大方，尽量用婉转的语言与客户沟通，即使客户存在不合理的地方，也不要过于冲动，否则只会令客户失望。

5. 倾听客户的诉说

客服应以关心的态度倾听客户的诉说，然后用自己的话把客户的投诉重复一遍，确保已经理解了客户投诉的问题所在，并且对此与客户达成一致。如果有可能，则要告诉客户自己会想尽办法来解决他们提出的问题。面对客户的投诉，客服应掌握聆听的技巧，从客户的投诉中找出客户抱怨的真正原因，以及客户期望的结果。

6. 履行承诺

客服在处理客户投诉时，应该在适当的时机做出承诺，这对于化解客户怒气、安抚情绪、消除不满都是非常有用的，但是一定要履行自己的承诺。

面对客户咄咄逼人的攻势，客服冷静地做出承诺"情况属实会补偿"，在使客户放心的同时也化解了怨气，处理投诉就容易多了。

客服做出承诺要把握好时机，一般在稳定客户情绪和提出解决方案时使用。要谨慎承诺，不要承诺办不到的事情。同时也要信守承诺。

7．正确、及时地解决问题

对于客户的投诉应该正确、及时地进行处理，拖延时间只会使客户的投诉情绪变得越来越烈。例如，客户投诉商品质量不好，客服通过调查研究发现，主要原因在于客户使用不当，这时应及时通知客户维修商品，并告诉客户正确的使用方法，而不能简单地认为与自己无关，不予理睬。如果经过调查，发现商品确实存在问题，则应该给予赔偿，并尽快告诉客户处理的结果。

处理客户投诉的最重要的环节就是提出解决方案。客服应该先对当前的情况进行评估，然后提出合理、可行的解决方案，争取让客户满意；也可以同时提出两个或多个解决方案，供客户选择。

8．征求客户意见

客服在提出解决方案时，要征求客户的意见，等客户同意后再做决定。需要注意的是，客服在征求客户的意见时，语气一定要委婉，让客户体会到是自己在行使决策权，同时认为这是最好的解决方案；否则，即使合理的解决方案，也可能因为客服的托大而使客户发怒，从而激化矛盾。

9．记录客户投诉与解决的情况

对于较复杂的事件，客服需要详细询问客户问题发生的缘由与过程，详细记录事件的时间、人物、经过等细节内容，理解客户的心情，并告知客户确切的回复时间。在处理客户投诉时发现问题，如果是商品质量问题，则应该及时通知厂家；如果是服务态度与沟通技巧问题，则应该加强对客服的教育与培训。

10．追踪调查客户对于投诉处理的反应

在处理完客户的投诉之后，应与客户积极沟通，了解客户对于投诉处理的态度和看法，增加客户对店铺的忠诚度。

6.5　售后服务管理

一家运营良好的店铺背后一定有一套完善、科学的售后服务体系。

6.5.1　查单、查件

对售后服务的工作范畴应该有准确的界定。在通常情况下，从客户完成付款动作那一刻起，后续发生的一系列围绕客户满意度的工作就被定义为售后服务。大多数客户在付款成功后，会进行查单、查件。行业内与物流相关的问题有如下几个方面。

1．未发货状态

客户在付款成功后，经常会向客服问一些问题，如什么时候发货、发的是什么快递、几天可以到达等。

作为客服，在日常工作中有必要整理一套标准的、与物流相关的话术，以便在客户问起上述问题时，快速进行回复。

客户在淘宝网上拍下商品后，有权立即申请退款，而如果退款是因为"商家缺货"而引起的，则退款成功后，卖家还要赔付客户一定的违约金。所以，一旦缺货，售后客服应立即与客户联系。

（1）如果后期会补货，则马上主动联系客户，让客户耐心等待。

（2）如果后期不再生产，则马上联系客户，引导客户换款。

（3）如果客户不喜欢其他款式，则及时为客户处理退款。

如果退款是因为"商品漏发"而引起的，则客服应该进行如下操作。

（1）及时跟客户道歉，马上为客户补发，并帮客户申请小礼品作为补偿。

（2）如果客户不想要了，则及时为客户处理退款并真诚道歉。

2．已发货，客户未收到

在卖家发货后，快递在运输途中或者已经送到消费者手中时，经常会出现各种与物流相关的问题，导致客户必须向在线售后客服进行咨询。常见的引起查单、查件的售后问题如下。

（1）物流信息正常：马上跟客户解释，让客户耐心等待。

（2）物流信息不正常。

- 超区：如果客户愿意自取，则麻烦客户自取，然后备注下次注意；如果客户确实不愿意自取，则联系快递转到其他站点，或者退回仓库重新发。

- 丢件：核实后及时帮客户补发，然后告知客户单号，及时跟踪回访，之后根据记录与快递公司核实赔偿。

- 疑难杂件：例如，客户未接电话导致快递无法送达，马上跟客户留言，然后后期继续追踪，尽快让客户成功签收；或者送货途中快递站点停止营业了，马上联系快递公司，帮客户转发其他快递，一定要保证在最短的时间内送达。

3．少发、错发

（1）少发：马上跟客户道歉，及时联系仓库补发，最好申请一点小礼品作为补偿。

（2）错发：如果客户肯接受补偿，则给予客户补偿，尽量减少自身损失，也让客户有一个良好的购物体验；如果客户不肯接受补偿，则请客户邮寄回来，主动承担运费，更换正确的款式后重发。

6.5.2　退换货、退款

能否退换货是影响客户购买决定的因素之一。因此，客服应该清楚地告诉客户，在什么样的条件下可以退换货，往返运输费用由谁来承担，否则客户会因为不清楚退换货的条件而犹豫是否购买。

（1）7 天无理由退款：尽量挽回，如果不能挽回，则按照正常的退货、退款流程，让客户退回来，收到货物检查无误后，及时处理退款。

（2）包裹货物破损：马上核实并安抚客户，然后为客户补发，后期根据登记记录向快递公司核实索赔。

（3）商品质量问题：对客户描述的情况进行核实，核实无误后，如果客户愿意接受补偿，则对客户做出适当的补偿；如果客户不愿意接受补偿，则按照正常的退货、退款流程，让客户退回来，收到货物检查无误后，及时处理退款。

（4）在商品质量保证期或维修期内被退回，要求更换或者维修，一定要及时处理。

已经交易成功但需要退款的订单，必须通过支付宝来退款。客服一定要确认好客户的支付宝账号和绑定的真实姓名。

6.5.3　客户说商品是假货，申请退款

为了净化社会市场环境，维护网络平台的洁净度，淘宝网遵循国家法律法规，不允许出售和发布假冒伪劣商品。作为淘宝卖家，交付给客户的商品也应当符合法律法规的相关规定，不得出售假冒伪劣商品。如果客户说商品是假货，申请退款，那么客服应该进行如下操作。

（1）核实进货时的供应商是否具备相应的正规凭证。

（2）如果供应商无法提供相应的正规凭证，则联系客户协商退货、退款，并主动承担来回运费，避免与客户之间产生误会。

（3）如果客户提出商品为假冒商品，但未提供有效凭证证实，而卖家也无法有效举证，则交易支持退货、退款。

（4）凭证需为正规有效的进货发票凭证。因为国税发票可以通过国家税务网站查询核实，而其他凭证暂时无法通过线上正规流程核实，因此需要卖家配合举证进货发票凭证。

（5）如果客户申请了淘宝网介入，则淘宝网会根据买卖双方的举证情况来进行处理。一旦淘宝网判定商品为假冒商品，就会做出退款处理。同时卖家可能也会因为出售假冒伪劣商品而受到处罚，卖家的账户也有可能会被扣分、限权甚至被冻结。

6.5.4　解决退换货运费争议问题

关于退换货的运费问题，是淘宝网购的常见问题。如果因运费问题引起的争议处理不好，最终导致了维权纠纷，则往往会让卖家得不偿失，在交易不成功的同时，也损失了客户，甚至引起差评。对此，卖家一定要引起重视。

1．淘宝网关于退换货的运费规则

（1）规则原则：当商品存在质量问题或与网上描述不符时，交易做退货、退款处理；商品并非假冒商品且没有质量问题的，交易做付款处理；因商品存在危及人身财产安全的不合理危险，导致客户损失的，由买卖双方另行协商或通过其他途径解决，淘宝网不予处理。

（2）情理原则：交易需要双方的沟通和理解，希望双方友好协商，若无法达成一致，则可以申请淘宝客服介入协调。但前提条件是买卖双方都必须遵守淘宝规则。

2．运费谁付争议问题

当面对运费谁付问题时，根据"谁过错，谁承担"的原则进行处理。

（1）如果买卖双方达成退款协议，但没有涉及运费谁付的问题，则应由卖家承担与客户发货相同货运方式的运费，如快递、平邮等。

（2）如果淘宝客服已经介入，则在淘宝网处理争议期间，卖家同意退货或换货，但就运费的承担提出明确异议的，客户应当先行退货，卖家签收商品后，由淘宝网根据本规范对运费承担做出处理。

3．退货或换货的运费由谁承担

1）协商不一致时需淘宝客服介入

在对待退货或换货运费的问题上，如果双方协商后无法达成一致，那么进行中的退款请双方就自己的处理意见、原因在退款页面上进行说明，并上传有效凭证等待核实。商品在换货或维修过程中需要寄送且未约定运费承担方式的，产生的运费由卖家承担。

2）以下情况由卖家承担运费

- 商品存在质量问题或与网上描述不符、卖家发错货物、未及时发货等因卖家过错而导致退货的，卖家应当承担相应的运费。
- 如卖家所售商品为闲置商品，客户收到的商品与描述不符，或卖家没有如实披露商品的瑕疵异常或历史维修情况，交易做退货、退款处理，运费仍然由卖家承担。
- 卖家应当对运费的承担和组成做出清晰、准确的描述。如果在商品描述中对运费做出两个以上的不同描述，或者实际发生的运费与商品描述的运费不一致，那么卖家应当通过阿里旺旺向客户进行说明，并取得客户的同意。
- 如果在淘宝客服处理期间，卖家未能在规定时间内提供退货地址，或者提供退货地址错误导致客户无法退货或操作退回商品后无法送达，或者客户根据协议约定操作退货后，卖家无正当理由拒绝签收商品，则交易做退款处理，退货运费由卖家承担。

3）以下情况由客户承担运费

卖家对退货不存在过错的，退货时的费用由客户承担。如因客户原因致使商品破损，需要维修更换的。

4．包邮商品的运费由谁承担

所谓包邮商品，是指商品在发出时运费由卖家支付，和退货运费是没有关系的。但在交易后需退货的，运费需遵循以下原则。

（1）如果是 7 天无理由退换货商品（商品不存在质量问题，且因客户主观原因退货），则买卖双方分别承担运费（卖家承担发货运费，客户承担退货运费）。

（2）如果不是 7 天无理由退换货商品，且因客户主观原因退货，则客户需要承担卖家发货的运费和自己退货的运费。

（3）如果因卖家原因退货（如商品质量问题、发错货物、描述不符等，不区分是否 7 天无理由退换货商品），则退货和发货运费均由卖家承担。

6.5.5　纠纷退款

纠纷退款指的是买卖双方未自行协商达成退款协议，由淘宝客服人工介入，且判定为支持客户的退款。

要想降低纠纷退款率，则建议卖家在客户对交易有异议或申请退款和售后的时候，积极主动地联系客户协商处理，并在可协商范围内，尽可能地帮助客户处理好交易问题。如果双方经过协商无法达成一致，且一方申请淘宝客服介入，则需要将最有效的交易处理方案在维权页面上写明，淘宝网会在仔细审核后做出判定。

6.5.6　评价管理

宝贝评价是影响店铺销量的一个非常重要的因素。不管是中小卖家，还是大卖家，对评价管理绝对不能忽视。小卖家应对评价管理可能会比较方便，而大卖家如果不借助评价管理工具，那么管理起来不仅费时费力，还不一定能达到良好的处理效果。作为客服，该怎样做好评价管理工作呢？

（1）登录千牛工作台，进入"应用中心"，添加"评价管理"，如图 6-7 所示。

图 6-7　添加"评价管理"

（2）这时，在"我的应用"中可以看到添加后的"评价管理"，如图 6-8 所示。

图 6-8　添加后的"评价管理"

（3）进入店铺评价页面，如图 6-9 所示。"历史评价数据"——显示历史评价信息，如主动评价、追加评价、负面评价等。"全店五类正负面评价"——全店评价内容通过算法分析，大致分为 5 个维度，主要是为了方便查看消费者的评价态度。

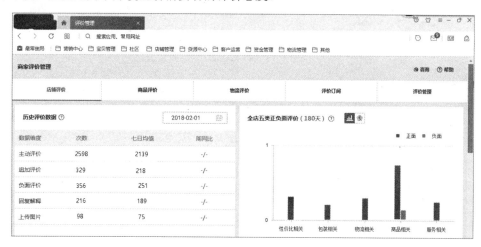

图 6-9　店铺评价页面

（4）单击"商品评价"可以查看到最近的商品评价信息，如图 6-10 所示。

（5）单击"物流评价"可以查看到最近的物流评价信息，如图 6-11 所示。

（6）单击"评价订阅"可以查看到订阅评价消息，如图 6-12 所示。

（7）单击"评价管理"可以管理评价信息，如图 6-13 所示。

图 6-10　商品评价信息

图 6-11　物流评价信息

图 6-12　订阅评价消息

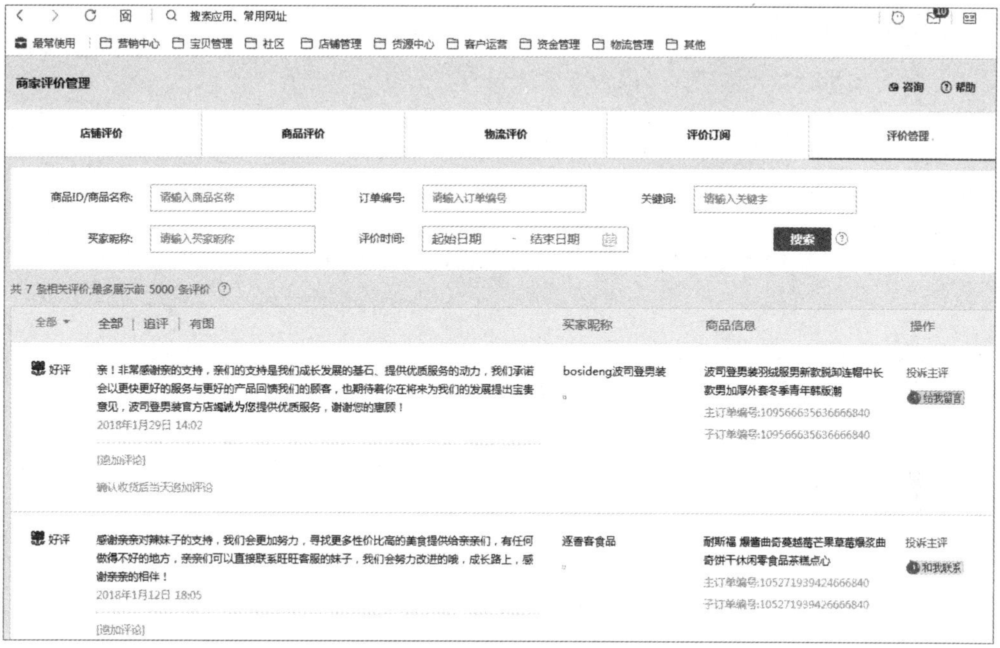

图 6-13　管理评价信息

6.5.7　淘宝店铺动态评分打分标准

店铺动态评分作为网店经营服务质量的一个很重要的标志，是淘宝卖家非常在意的，所以特别希望客户能够根据事实打分，当然希望能收获满满的好评。一般评分标准会与 4 个因素息息相关：宝贝是否与描述相符、卖家的服务态度、卖家的发货速度和物流公司的服务。

一般淘宝官方打分会有一个评分数值标准，具体打分分值分别是：1 分——非常不满；2 分——不满意；3 分——一般；4 分——满意；5 分——非常满意。

1．宝贝是否与描述相符

5 分——质量非常好，与卖家描述的完全一致，非常满意。

4 分——质量不错，与卖家描述的基本一致，还是挺满意的。

3 分——质量一般，没有卖家描述的那么好。

2 分——部分有破损，与卖家描述的不符，不满意。

1 分——差得太离谱，与卖家描述的严重不符，非常不满。

2．卖家的服务态度

5分——卖家的服务太棒了，考虑得非常周到，完全超出期望值。

4分——卖家服务挺好的，沟通挺顺畅的，总体满意。

3分——卖家回复很慢，态度一般，谈不上沟通顺畅。

2分——卖家有点不耐烦，承诺的服务也兑现不了。

1分——卖家态度很差，还骂人、说脏话，简直不把客户当回事儿。

3．卖家的发货速度

5分——卖家的发货速度非常快，包装非常仔细、严实。

4分——卖家发货挺及时的，运费收取很合理。

3分——卖家的发货速度一般，提醒后才发货。

2分——卖家的发货速度有点慢，催了几次终于发货了。

1分——在我的再三提醒下卖家才发货，耽误我的时间，包装也很马虎。

4．物流公司的服务

5分——物流公司的服务态度很好，运送速度很快。

4分——物流公司的服务态度还好吧，运送速度挺快的。

3分——物流公司的服务态度一般，运送速度一般。

2分——物流公司的服务态度挺差的，运送速度太慢了。

1分——物流公司的服务态度非常差，运送速度慢，外包装有破损。

有些客户在进行评分时，可能会根据心情或其他原因而误评，对店铺造成一定的困扰，这就需要客服做好引导。

6.6　处理好中、差评

相信大家在收到中、差评的一刹那，第一反应是气愤。但在气愤过后，要冷静下来，仔细查看这笔交易的销售过程，看看到底哪里做得不够好，只有找到问题的症结，才能对症下药。

6.6.1　把握好每个细节，最大限度地避免中、差评

在网上购物的人越来越多，但是在交易量和人数急剧增长的同时，也有越来越多的交易纠纷出现。一些不良客户钻空子对卖家进行恶意评价甚至投诉。下面介绍预防淘宝差评的方法。

（1）在发布商品前先仔细核对商品价格，最好在宝贝描述里再提一下具体价格，做到双保险，万一发布的价格不对，在宝贝描述里也有据可寻。

（2）务必在店铺公告、介绍或者宝贝描述里注明注意事项，比如，在本店购买商品前需要先和卖家沟通，确认有无商品，如"擅自拍下造成的一切后果由客户承担"。就算客户恶意拍下，以后在投诉过程中将此注意事项出示给淘宝网看，对卖家会有很大帮助。

（3）在做好以上两点后，万一还有不良客户要挟你，说要给差评、要投诉你，别怕，先客气地和客户协商。如果客户提出无理要求，那么该义正词严的地方就义正词严，退缩反而助长了对方的嚣张气焰。注意千万不要辱骂客户，这样做对方反而可以借题发挥了。

（4）看客户信誉。如果对方是没有信誉或者信誉很差的客户，那么这单生意不做也罢。

（5）核对送货地址、电话、联系人等信息是否属实。在发货前，最好通过阿里旺旺或站内信确认一下。如果对方不在线，那么最好能打电话核实一下。

（6）一定要把阿里旺旺记录保存好，务必学会截图。有了截图，当客户进行恶意投诉时，卖家就可以把阿里旺旺截图提供给淘宝网。

（7）如果已经遭遇了恶意差评，则可以拨打淘宝客服电话进行投诉，截图留下所有交易、聊天证据。注意一定要确保证据的一致性，确认此人的唯一身份，并讲明事情的严重性，淘宝网一定会受理。

6.6.2　遇到中、差评如何处理

网店卖家都很关注自己的信用度，因此对客户的评价也越来越敏感，总希望客户给出的评价永远是好评。一般而言，只要交易比较顺利，客户还是愿意给予好评的。但是在网店经营中，难免会碰到一些挑剔的客户给予中、差评。作为卖家，莫名其妙地得到一个中、差评，会觉得冤屈。那么，如何面对中、差评呢？这就是卖家必须考虑的问题了。

1．反思

碰到非好评，卖家首先应该自我反思，检查自己在交易过程中是否犯错、服务是否周到，而不要先寻找借口为自己开脱。如果反思过后发现自己确实有工作不到位的地方，那就要吸取教训，

并在以后的工作中逐渐改善。如果发现是客户的误解，那么最好发信息给客户，向他说明事实真相，但千万要注意用词，不要因为占理而口无禁忌。

2．千万不要生气

面对非好评，如果错在卖家自己，那么卖家有理由生气吗？如果卖家诚信经营，发生问题也能与客户认真地沟通，就应该坦然地面对非好评。正所谓"身正不怕影子斜"。你的工作已经到位了，但客户还是说三道四的，千万不要为此生气，更不要说一些难听的话去报复客户。不如把时间和精力集中到其他客户身上，努力用更多的好评去掩盖少数的非好评，其他客户照样会信任你。如果碰到恶意评价，则可以选择向网上交易平台投诉，以维护自己的正当权益。

3．及时回复

在客户给出评价以后，卖家的及时回复尤为重要。及时回复不仅能让客户觉得卖家重视他们，而且卖家也能及时解决客户给出的不良评价。

4．客观解释

先针对出现的问题给出合理的解释，因为每个评价都会展示在其他客户面前，如果卖家对这些评价既不理不睬，也不给出解释，那么其他客户怎么能相信你的商品不会再出现类似的问题呢？在给出解释之后，别着急单击"提交"按钮，不如借着"中差评"这个展台，趁机打广告。在给出解释时可以附上同款商品的其他客户的好评，要挑最有说服力的评价粘贴，或者写上最近店里开展的一些优惠活动，这样一来，这个不良评价不一定会对你有很大害处，或许可以给你带来更多的客源。如图 6-14 所示为客观解释。

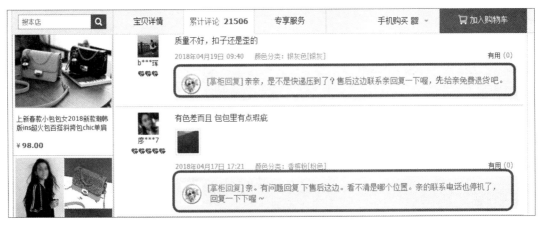

图 6-14　客观解释

6.6.3　如何说服客户修改中、差评

现在淘宝网上的生意越来越难做，信誉度是中小卖家的命门。大部分客户都是抱着在淘宝网上能买到便宜东西的心态而来的，倘若买到的东西没有达到客户的预期，心理落差是可想而知的。中、差评是网上开店过程中不可避免的情况，很多中、差评是由误会引起的，首先得想方设法去解决，只要卖家愿意用心处理中、差评，积极与客户沟通，相信没有解决不了的中、差评！

卖家在收到中、差评时，不应盲目地抱怨甚至投诉客户，这样会激怒对方，使问题没有解决的余地。如果卖家确实存在过错，则应诚恳地向客户道歉，承认工作上的过失，并提出补救措施。在与客户达成一致意见后，卖家可以提出自己的要求，如："我有一个小小的请求，您能否为我修改一下评价？真的很感谢您为我们提出了很好的建议和意见，希望以后多多合作。"通常客户也不会因为一点小事伤了和气，都会同意修改评价，如图 6-15 所示。

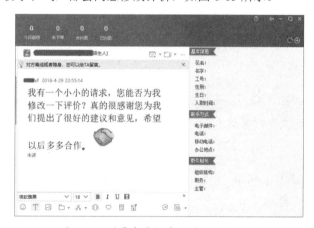

图 6-15　引导客户把中、差评改为好评

6.7　如何预防退货

退货也是每个商家必须面对的一个重要问题。那么，商家应该如何预防退货，使得退货损失最小化呢？

1. 制定合理的退货政策

对于退货条件、退货手续、退货价格、退货比率、退货费用分摊、退货货款回收及违约责任等方面应制定一系列标准，利用一系列约束条件平衡由此产生的成本。如图 6-16 所示为退货政策。

图 6-16　退货政策

2．加强验货

对进货等各个环节要加强验货，尽可能在发货前发现商品上的诸多缺陷。

3．引入信息化管理系统

如果管理仅依靠手工和大脑，则无法准确、及时地把握商品管理的每个细节。在淘宝网上，皇冠级以上的卖家都引进了客户管理系统，只要客户报上名字或者会员号，就可以查看该客户具体的消费情况，甚至很多皇冠级卖家都有自己的自动化退换货系统。

4．采取"少进勤添"的进货方式，提高进货质量，把握好进货种类

加强对每日销量的监测，不要一次进太多的货，合理、高效地安排供货，少进勤添，减少盲目进货，千万不要贪图因为进货量大而得到的价格低。如果销售不出去，资金周转不了，那么情况会更加糟糕。

6.8　习题

一、填空题

1. 如果客服没有进行有效的售后服务管理，就有可能导致店铺受到 ＿＿＿＿＿＿、＿＿＿＿＿＿＿、＿＿＿＿＿＿＿、＿＿＿＿＿＿＿、＿＿＿＿＿＿＿ 等处罚，严重者还会导致 ＿＿＿＿＿＿＿。

2. 如果客户购买的商品数量较多，那么卖家在发货前一定要检查商品的数量、颜色及号码。因为同一款商品有不同的颜色、号码，如果因一个小小的疏忽而招致 ＿＿＿＿＿＿、＿＿＿＿＿＿ 甚至

_____，则是得不偿失的。所以，客服应该在和客户沟通的时候准备好记录簿，把这些信息记录下来，千万不可遗漏。

3. 在网店经营过程中，可能会接到客户各种各样的投诉，如果不能正确地处理客户的投诉，那么将给店铺带来极大的 _____。一定要积极地回应客户的投诉，适当地对客户 _____，消除客户的 _____，让他们传播店铺的好名声，而不是负面的消息。

4. _____ 指的是买卖双方未自行协商达成退款协议，由淘宝客服人工介入，且判定为支持客户的退款。

5. _____ 是影响店铺销量的一个非常重要的因素。不管是中小卖家，还是大卖家，对 _____ 绝对不能忽视。小卖家应对 _____ 可能会比较方便，而大卖家如果不借助 _____ 工具，那么管理起来不仅费时、费力，还不一定能达到良好的处理效果。

二、简答题

1. 售后服务为什么重要呢？

2. 淘宝交易纠纷产生的原因有哪些？

3. 怎样尽可能地避免交易纠纷？

4. 处理投诉有哪些技巧？

5. 怎样进行评价管理？

6. 怎样处理好中、差评？

第 7 章

客户关系管理

本章指导

　　在网店经营中，维护客户关系是非常重要的，不管是否已经成为客户，都应该重视他，让客户享受满意的服务。这样做不但可以留住原有的客户，也可以发展潜在的客户。维护客户关系是一项烦琐、艰巨又讲究技巧的工作。只有处理好客户关系，才会有回头客，才会有老客户介绍新客户，树立起良好的口碑。

7.1　客户关系管理基础

客户关系管理是一个不断加强与客户交流，不断了解客户需求，并不断对商品及服务进行改进和提高，以满足客户需求的连续的过程。

7.1.1　什么是客户关系管理

客户关系管理就是通过对客户详细资料的深入分析，来提高客户的满意程度，从而提高店铺竞争力的一种手段。客户关系是指围绕客户生命周期发生、发展的信息归集。客户关系的核心是客户价值管理，通过"一对一"营销原则，满足不同价值的个性化需求，提高客户忠诚度和保有率，实现客户价值持续贡献，从而全面提升店铺的盈利能力。

客户关系管理不仅仅是一个软件或者一种制度，它是方法论、软件和 IT 能力的综合，是一种商业策略。

网店在客户关系管理过程中需要解决的问题就是：客户购买一次之后再也不光顾了，你怎么做？遇到节假日，对你的老客户做一些什么呢？你应该根据老客户以往的消费习惯来判断他喜欢什么，发掘客户应该会关联购买的东西是什么。

对于网店的客户，需要先了解他们的性别、年龄、收入状况、性格、爱好、购物时间、购买记录等，并进行统一的数据库管理，然后才能对他们进行有针对性的关怀和营销。现在绝大部分网店还没有自己的客户关系管理系统，有的只是厚厚的发货单、记账单，客户信息杂乱，完全无法维护。而一些大型的网店建立起了完善的客户关系管理系统，极大地提升了客户回头率，利润成倍增长。

7.1.2　如何做好客户关系管理

店铺所做的一切都是为了做好客户关系管理。要知道，客户就是店铺的"上帝"，任何人都希望到一家店铺可以买得舒心、用得放心，并且享受良好的售前、售中、售后服务。

（1）对客户尽心。客户利益无小事，如果不了解客户的实际需求，一味地推荐自己的商品，结果让客户购买了不适合的商品，就损害了客户的利益。因此，要把客户的利益作为首要考量，尽心尽力，不厌其烦地回答客户提出的问题，让客户购买到适合的商品。

（2）真心对待客户。对待不同的客户一定要掌握好沟通的技巧。对待目的明确的客户，不宜过多地推荐自己所谓的超值商品，那样会适得其反；对待目的不是很明确的客户，方可大胆推荐商品。在推荐商品时一定要将心比心、真心实意，推荐真正超值的商品，让客户感受到你的真心。

（3）让客户买得放心。在网上购物，见图不见物，要让客户相信商品的质量，除宝贝描述和评价以外，还应该把商品的特点、功能、使用方法、注意事项等讲清楚，使客户感觉你不是在推荐商品，而是在有效地服务，方能对你的商品质量感到放心。

（4）商品标价合理。网店要想做大、做强，商品标价不能太离谱。利润应该控制在10%～20%，买卖要公平就是这个道理。

（5）虚心接受客户的差评。什么东西都不是十全十美的，如果确实是自己做得不好，则一定要虚心接受，认真改正自己服务中的缺陷。只有这样经营有方，客户才会更加信任你。

（6）客户都是聪明人，不要把你的成本明显地嫁接到客户身上，否则客户体验会变差，流失率会变高。

7.1.3　老客户具有哪些优势

研究表明，网店吸引新客户的成本至少是留住老客户的成本的8倍，而老客户几乎创造了店铺80%的收入和90%的利润。因此，店铺应该把有限的资源放到对重点客户的关怀和维护上，仔细分析他们的需求。只有做到精准营销，才有可能形成爆炸式的利润增长。

维护老客户可以带来以下好处：

- 老客户的回头率超过20%。
- 老客户是忠实的新款体验者，他们的评价总是最丰富、最能打动人的。
- 老客户会不断地带给商家新品开发的灵感和素材。
- 老客户会不断地把商家宣传给身边的人。
- 老客户会不断地帮商家指出问题，同时鼓励商家进步。
- 老客户会为商家的荣誉和成绩喝彩。
- 老客户会帮助商家监控竞争对手的产品动态。
- 老客户会帮助商家发现仿冒者，并帮助商家维护市场秩序。
- 老客户和商家是朋友关系，会和商家分享生活中的酸甜苦辣。

很多商家通常会采用下面的方法留住老客户：

- 购物满1000元享有9折优惠，满3000元享有8.5折优惠。
- 多次购买者免运费。
- 多次购买者赠送礼品。

"这样做最容易，老客户不外乎就是为了得到一点实惠，满足他就可以了。这样，他就可以变成回头客了。而且从某种意义上来说，只要在我的店铺里累计购物满1000元甚至更多，我就对他具有锁定效应，他去其他店铺里购买，肯定不会拿到这样实惠的价格。"这是卖家在做老客户的关怀工作时通常认为的老客户的心态。

当然，淘宝网上的客户大都是奔着实惠来的。但是，如果我们给客户的价格不如其他皇冠级店铺甚至钻石级店铺给出的价格低，那么客户还会不会毫不动摇地在我们这里购买呢？如果其他店铺给客户的价格比我们给出的价格低得多，那么客户会不会到其他店铺里购买呢？

其实客户在同一家店铺里重复消费，可能不仅出于价格原因，还有其他原因。例如：

- 品类齐全，价格便宜。
- 服务周到。
- 专业的售后服务流程。
- 重视客户。

7.1.4　影响客户回头率的因素

店铺要想拥有 100% 的回头率，必须做到商品好、服务好、回访好，用心、耐心、诚心、细心。

1．熟悉商品的专业知识

在客户咨询时，千万不能用"大概""可能""也许"等词语来回答，这样不仅说明自己不专业，同时会给人以不信任感。同样的商品，让客户买得放心是最基本的要求。

2．不要为自己的错误找借口

千万不要为自己的错误找借口，因为客户只会记得商家没有兑现承诺却又借口多多。

与其找借口，还不如老老实实地承认自己的过失，然后尽力补救，哪怕再给予客户优惠。当商家承担了所有的责任并改正了错误后，本来一件不好的事情可能反而会让商家赢得客户的好感和信任。

3．改变消极懈怠的思想

开创自己的事业不是一件容易的事，一旦开张，商家必须随时面对大量琐碎、繁重的工作，还要为现金周转而奔波。不管多么艰难，商家都必须保持乐观和自信——人们更愿意和那些充满自信的人做生意。集中精力在自己的工作上，相信不管遭遇多少挫折，自己最终都能心想事成。商家这份对工作坚定的信心也会促使客户对正在洽谈的生意信心倍增。

商家也不要理所当然地认为客户购买过一次就会成为自己的终身户，一旦懈怠下来，竞争对手就有可能将客户抢走。

4．不要有意损害竞争对手的声誉

对客户和潜在客户说竞争对手的坏话只会让客户认为商家是一个小人——明里竞争不过，就在背后说别人的坏话。

5．不要在生意好的时候降低服务标准

商家也许会在生意好的时候悄悄降低商品的质量或者服务标准，认为这样细微的变化客户无法察觉。如果商家这样想，那么客户的流失将是无法避免的。

6．不要在有成绩时不思进取

不要因为有了一点点成绩就不思进取。在市场飞速发展的今天，如果不求发展，就会在同行中落伍。所以，要不断学习、改变、发展，对行业的了解越深，客户对我们就越有信心，我们也会成为客户心目中的第一选择。

7．货源要可靠

商家对自己的货源一定要清楚，要向客户保证自己的商品质量等级，不同质量等级的商品要有不同的价格。客户当然明白，要想买到更好的东西，就得花更多的钱。所以，不用担心客户会流失。如果自己销售的商品质量达不到承诺的等级，那也许会带来麻烦。

8．打包要认真

别小看打包，细心的客户会从包装中看出商家是不是诚心做这笔生意的，以及商家对自己的商品是否珍爱。因此，不管销售什么商品，都应该仔细地打包。

7.2　客户分析及备注

为客户添加备注在客户关系管理中是一个非常重要的动作。商家可以通过客户备注对客户进行分层，分析同类客户的购物需求，从而进行精准营销。

7.2.1　流量来源分析

客户网上购物行为数据已经变得越来越重要，收集并分析这些数据，将帮助商家预测客户的下一步购物行为。利用客户留在网站上的行为轨迹数据，分析客户浏览的商品类别，可以帮助商家预测客户需要哪类商品，并推出相应的商品。

在分析数据前，首先要做的就是分析流量。要分析流量，就需要对流量的来源有充分了解。下面介绍流量的来源。

1. 淘内免费流量

淘内免费流量是一个重要的流量来源，指的是访客通过淘内免费流量渠道进入店铺，进入途径有淘宝搜索、淘宝活动、淘宝首页、淘宝论坛、淘宝频道页面等。如图 7-1 所示为参加淘宝免费活动获取流量。

图 7-1　参加淘宝免费活动获取流量

这类流量是每个商家特别看重的，不需要付费，或者付费的成本比较低，而且精准度非常高，特别是其中的淘宝搜索流量、淘宝首页流量等。

2. 付费流量

付费流量指的是访客通过淘宝内付费流量渠道进入店铺，进入途径有直通车、钻石展位、淘宝客、聚划算等。这也是商家比较喜欢的一大流量。因为这一部分流量获取容易，而且精准度也是比较高的。如图 7-2 所示为聚划算为店铺带来流量。

图 7-2   聚划算为店铺带来流量

3．自主访问

自主访问是指访客主动进入店铺，进入途径有收藏夹、店铺首页地址、友情链接等。这种访客通常在你的店铺里购买过商品。这种流量一般来说是比较稳定的，而且转化率是很高的，分析这一部分流量主要看它的占比高不高。

如果店铺的自主访问流量占比非常低，远远低于同行的占比，则说明店铺的回头率不高，可能是因为店铺商品质量不够好、性价比不高、服务做得不到位等。如果店铺的自主访问流量占比比较高，则说明商品和店铺是受到很多卖家认可的，这时就需要考虑做好老客户营销，维护好老客户。

4．淘宝外广告

通过淘宝外广告渠道进入店铺首页或宝贝详情页的访客数就是站外流量。从广告进入店铺的客户，一旦进入店铺就已经消耗了商家的成本，因为流量是商家花钱买来的。如果客户不产生交易，商家就亏了一份流量的成本。

7.2.2   使用千牛为客户打上标签

一位优秀的客服不仅会在转化率、服务态度、响应速度上做到优秀，而且会更多地思考客户是一个什么样的人、客户在想什么。当有客户上门咨询的时候，你能瞬间在大脑中形成客户画像，在和对方沟通的时候，是不是更容易一些呢？这就需要为客户打上标签。

成功交易一次的客户称为老客户。为了便于分辨客户，商家会给客户打上标签，将同类客户放在一起，以便将来针对同类客户做促销活动的推送。

当客服与客户沟通时，可以使用千牛给客户简单地打上标签。具体操作如下。

（1）在与客户沟通的窗口右下方，可以看到"客户标签"4 个字，单击"创建新标签"，输入标签文字后，单击"保存"按钮，即可完成新标签的创建，如图 7-3 所示。

图 7-3　创建新标签

（2）当客服与客户沟通时，如果发现客户已经有设置好的标签属性，直接单击"已有标签"，即可完成为该客户打标签的工作，如图 7-4 所示。

一般来说，客户的外部属性标签有地域、职业、购物喜好、浏览习惯、消费层次等，内部属性标签有年龄、性别、信仰、性格、爱好、价值观等。

例如，以客户的性格特征来设置标签，如豪爽、啰唆、仔细、贪小便宜等。这些信息需要客服在与客户的沟通中进行收集，通过沟通去感受客户的性格特征，等到下次该客户再来时，就能够一目了然，并有针对性地规避客户不喜欢的沟通方式。

图 7-4　已有标签

7.2.3　官方客户标签

除前面讲到的一些个性化标签以外，商家也可以根据淘宝提供的现有标签来给客户划分群组。

淘宝官方有两种显示会员等级的方法。一种是客户的信用等级，用心、钻、冠来体现，与卖家等级相对应。只要在淘宝网上进行交易，并且完成交易，成功给予好评，就可以增加一个信用等级，如图 7-5 所示。

另一种是淘宝 VIP 会员。阿里巴巴官方曾宣布，将"淘气值"作为阿里会员等级的统一衡量标准（包括天猫、淘宝），对不同"淘气值"的会员提供个性化服务。

"88 会员"体系会根据用户近 12 个月在淘宝、天猫、飞猪、淘票票等阿里旗下业务平台的"购买金额、购买频次、互动、信誉"等行为，综合计算出每个会员的"淘气值"。

用户在手机淘宝"我的淘宝"→"会员中心"即可看到自己的"淘气值"，以此获知自己在"88会员"体系中的等级，并获得相应的福利，如图 7-6 和图 7-7 所示。

图 7-5　客户的信用等级

图 7-6　会员中心

图 7-7　查看淘气值

阿里今后将打破"一刀切"的普惠性福利发放，对不同类型的会员提供个性化的权益和服务。

据此前官方透露的信息，淘气值在 2500 分以上的消费者，有机会受邀成为 APASS 会员。APASS 会员将是阿里会员体系中最有消费力的人群。其特别权益是一键召唤客户经理，有需要时可享受客户经理一对一服务。

淘气值在 1000 分以上的超级会员，可享受的权益也很丰厚，比如低于 5 折入住五星级酒店、每周 1 次退货免运费特权、在会员中心可直接领取退货保障卡等。

淘气值在 1000 分以下的普通会员，注重营造惊喜，比如在每月 8 日淘气值更新的时候，涨分达到一定值就会获得一些只有更高层级会员才能享有的权益。

7.2.4　客户会员管理

淘宝网后台会员管理工具提供了会员分组管理、客户分析等功能。登录淘宝网后台，在左侧栏单击"营销中心"右侧的箭头，在弹出的菜单中选择"客户运营平台"，如图 7-8 所示。

图 7-8　选择"客户运营平台"

进入客户运营平台，选择"客户列表"，单击"分组管理"按钮，如图 7-9 所示。

选择一个客户后，单击"添加分组"按钮，选择合适的群组，如图 7-10 所示。

图 7-9　分组管理

图 7-10　添加分组

7.3　客户群组工具

为了更好地与客户互动，还需要一条与客户沟通的通道。目前常用的客户群组工具有千牛好友分组、淘宝帮派、微信群等。

7.3.1　千牛好友分组

很多卖家的千牛上有很多客户，但是很少有卖家对千牛上的客户信息进行管理，显得杂乱无章，有的卖家有了宣传促销活动就会群发信息。或许这样的方法也能招来一些客户，但是这种方式也很容易招致客户的反感，一不小心还会被投诉禁用，很不划算。

可以利用千牛的分组功能更好地管理客户信息。可以将客户分为 5 个组：咨询组、成交组、订单组、发货组、回头客组，如图 7-11 所示。

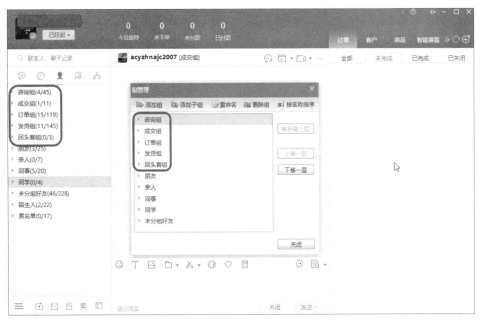

图 7-11　千牛好友分组

（1）咨询组：把每位前来咨询的客户都加为好友，同时在备注里说明客户咨询过的商品，这样时间再长也不会忘记该客户曾经对什么商品感兴趣。能够前来咨询的客户，肯定先对商品产生了兴趣，虽然最后因为价格等因素改变了想法没有成交，但是这些客户仍属于目标客户。当有类似商品到货或者有促销活动时，就可以发给这些客户看看，例如："亲，上次您看到的那款商品最近在搞活动，亲可以到小店里来看看。"因为是客户感兴趣的商品，所以得到回应的概率当然就大得多。

（2）成交组：已经成交的客户大多数收藏过你的店铺，也感受过你的服务，只要你对自己的商品有信心，就能很容易把这些客户再次吸引过来。当然，不仅要给客户发一些商品促销信息，而且要真正把他们当朋友。比如，圣诞节来临，在给 QQ 好友发祝福语的时候，顺便也给他们发一句："亲，祝您圣诞快乐，每天都有好心情！"收到原本陌生的卖家的留言，相信大多数人的心情都会不错。

（3）订单组：这是已经拍下商品，但是还没有付款的一部分客户。一般来说，客户在拍下商品之后就会付款，但是仍会遇到客户因为网络不通畅、支付宝里没钱而没有达成交易的情况。在这个分组里，要礼貌地提醒客户付款，例如："亲，您上次拍下的那款商品超过了付款日期，亲有空就请先付款吧，这样就可以早点拿到宝贝了。"

（4）发货组：在买家付款、卖家发货之后，将订单里的客户添加到这个组里。我们可以随时询问客户是否已经收到货，或者询问客户对收到的货品的意见。如果一切都搞定了，则还要提醒客户及时做出评价，例如："亲，您对收到的宝贝还满意吧？祝您新年快乐！记得给我评价。"

（5）回头客组：成交组里的客户第二次到店铺里来买东西，就更要注意了，这表示店铺里的商品是让人满意的。而要让客户继续感觉舒服、满意，给予一些小小的折扣是免不了的。

利用好千牛好友分组功能，就可以把新客户变成老客户，甚至变成朋友，当然生意也就不愁不好做了。

7.3.2　淘宝帮派

淘宝网上千千万万的"淘友"按照自己的兴趣爱好聚集在一起，含有淘宝武侠特色的群体就叫作"淘宝帮派"。你可以加入别人的帮派，当然就要遵守别人的帮规；你也可以自建帮派，在帮派中分享经验，发布广告及促销活动等。如果自己的帮派人气旺，那么店铺的流量也会大幅提升。而且浏览淘宝帮派的人都是淘宝用户，有卖家，也有客户，针对性强。所以，创建淘宝帮派是一种很有效的免费推广方法。

在浏览器的地址栏中直接输入"bangpai.taobao.com"访问淘宝帮派首页，如图 7-12 所示。

（1）在帮派内，可以展现店铺文化、品牌文化。如图 7-13 所示为优秀帮派展示的品牌店铺。

（2）可以让客户做购物分享、真人秀，如图 7-14 所示，以此来提高店铺的口碑。

（3）可以通过帮派招聘人才，因为对帮派忠实的人、了解的人，极有可能就是适合的人才。

图 7-12　淘宝帮派首页

图 7-13　优秀帮派展示的品牌店铺

图 7-14　客户真人秀

（4）也可以通过帮派发起活动。如图 7-15 所示为帮派的活动广场。

（5）还可以在帮派内与客户进行有效的互动，以此来圈住客户。在本帮派主页上可以宣传自己的店铺，如图 7-16 所示。

帮派还有更多的潜力、作用、功能等待大家去挖掘！

加入帮派有哪些好处呢？

（1）有归属感。帮派是一个纯民间的组织，只要你够格，愿意承担责任、履行义务，就可以报名加入。

（2）可以提高知名度。大的帮派里能人很多，假如你感到力不从心，不如去小的帮派里发展。

（3）可以开阔眼界。大家通过网上畅谈或者线下聚会互动，可以直接获取到更多有用的信息资源，无论是技巧技术上的还是行情上的，这里面的商机、窍门、经验都会让你眼前一亮、受益匪浅。帮派经常举办各种活动，有利于结交一些不同行业的朋友，多个朋友多条路。

（4）很多人气旺的帮派上广告位的价格很高，而新帮派则没有那么高的要求。新帮派总有一天会人气兴旺，那时候你也成了管理阶层的老手。

图 7-15　帮派的活动广场

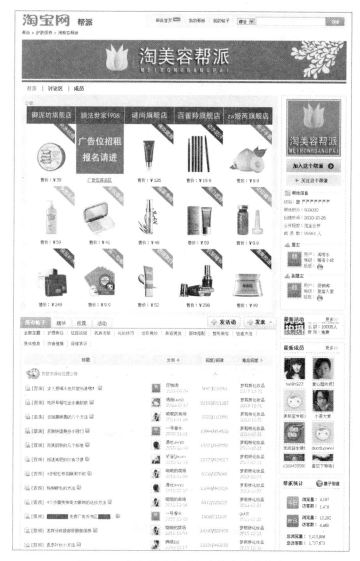

图 7-16　在本帮派主页上宣传自己的店铺

（5）认同感。帮派中的卖家基本上都是本省 / 市的或本行业的，有共同的地域文化、相近的价值观、良好的认同感，而且由于地域邻近，可省下一些物流费。所以，帮派成员之间很容易消除隔阂，更容易产生合作愿望，达成交易的过程也更顺畅。

（6）帮派有时可以起到免费帮店铺宣传的作用。帮派有专门的首页推荐位，加入帮派成为正式会员后，可以在首页上推荐你的宝贝，而帮派成员也会关注你的店铺，这样就可以直接或者间接地给你的店铺增加一定的浏览量。另外，通过帮派在淘宝网上举行的各类买卖活动，可以加快商品的成交速度。淘宝帮派的许多活动都是以各个地区帮派的名义发起的，有的活动只有帮派的会员才有资格参加。

（7）消费实惠感。帮派成员之间购物，往往跟朋友一样可以直接拿到折扣价，享受到贴心的服务。帮派成员之间也可以分享便宜、好用的快递信息。

（8）帮派荣誉感。加入帮派本身就代表一份荣耀。经过帮派的层层考验和各种规则的约束最终加入帮派，荣誉感、责任义务感会油然而生。

（9）有的帮派的帮众已经达到数十万人，除此之外，其他帮派的帮众也可进入帮派浏览甚至发帖子。大家在这里可以分享购物体验，也可以把自己购买的宝贝晒出来。所以，很多卖家创建了自己的帮派，一方面可以引流，另一方面可以对自己的商品进行口碑宣传。

7.3.3 微信群

众所周知，千牛好友可以分组归类管理，看起来简单明了，找起来省时省力。那么，微信群友能不能分组归类管理呢？微信群友分组归类管理的具体操作步骤如下。

（1）打开微信并登录，点击底部的"通讯录"按钮，进入"通讯录"界面，点击"标签"，如图7-17所示。

（2）进入"标签"界面，点击"新建标签"按钮，如图7-18所示。

图7-17 "通讯录"界面   图7-18 新建标签

（3）在"标签"界面中点击"添加成员"，如图 7-19 所示。

（4）进入"选择联系人"界面，选择想要添加的好友，点击右上角的"确定"按钮，如图 7-20 所示。

图 7-19　点击"添加成员"

图 7-20　选择想要添加的好友

（5）在"标签名字"文本框中输入标签名字，点击右上角的"完成"按钮，如图 7-21 所示。

（6）即可完成好友分组，如图 7-22 所示。也可以在此点击"新建标签"来为好友分组。

图 7-21　编辑标签名字

图 7-22　完成好友分组

微信群是从事微营销必备的一个工具，用好了可以实现销售额的快速增长，用不好就是一潭死水。要想让微信群发挥更大的能量，就需要运营好微信群。

1．完善群规则

无规矩不成方圆。既然要建立微信群，首先要有一个群规，要告诉进群的群友，进群聊天要遵守群规。很多微信群就是因为没有正式的群规，导致进群门槛没有限制，进群后发广告者、私下拉人者比比皆是。必要时写一篇"××群新人必知必读"做成模板收藏，在需要的时候立即发到群中，让那些刚进群的人一目了然。

2．为群友提供价值

人们进入一个群，不外乎这几个需求：学习东西、掌握新的资讯、拓展人脉、寻找一些新的项目或者机会。群成员要提供有价值的信息。

（1）群成员自我介绍。包括姓名、城市、做什么行业、有什么资源、要什么。这是最基本的介绍，找项目的人和要拓展人脉的人一看就明了了。

（2）帮助群成员推广。可以先从那些活跃的、比较支持群的人开始，把他们的名片发到群里。或者组织大家在自己的朋友圈里相互推荐。同时组织群里的朋友相互加为好友。这样就满足了群成员拓展人脉的需求。

3．组织各种活动

高质量的微信群肯定会组织线上、线下互动，鼓励大家互相认识群友。和线上的互动相比，线下的互动更能培养群友的感情，有利于开展商业合作等。

4．微信群升级

迭代就是升级、更新。如果我们的群一直处于不温不火的状态，那就重新建立一个群，告诉大家，我们准备在一个新的群里举办一场活动，比如发红包。真正关注这个群的人自然会加入新群。当然，在进行微信群升级之前，一定要给大家时间查看，最好全部提醒一遍，这样那些原本活跃的群友才会被筛选进入一个新的群中，可以帮你保持新群的热度。

5．通过红包引爆

微信红包是加速微信群互动的催化剂，是维护微信群的必备技能。可以用抢红包的方式来聚合人群，提升微信群的活跃度及群友之间的交流程度。

7.4　维护好客户关系

商家应当重视客户的感受,应对售出的商品质量多加关心,例如,要想到"客户使用后是否满意"或"有没有发生故障"等。如果每天都能抱着这种重视客户感受的心理做买卖,就能跟客户建立起超越买卖关系的相互信赖感。一旦到达这种程度,必然会受到客户的欢迎,从而使生意更加兴隆。

7.4.1　与客户建立信赖感

在任何时代,从事商业活动都必须注重服务,尤其当新产品陆续出现时,更应该重视服务,主动询问客户的想法和需要,这是赢得客户信赖、取得建议的好方法。

一般来说,生意兴隆的店铺在销售上会用尽心思,在服务上也会给予客户更多的关心,而在商品出现问题时所做的服务更加重要。如果只是抱着不负责任的态度,那就很难有服务的热情。网店经营者不仅自身需要有这种深刻的服务意识,而且需要随时向客服强调服务的重要性。只要店铺中的所有工作人员都重视客户的感受、关心客户的需要,就不怕客户不光临。

在销售关系中,最重要的工作就是建立与客户之间的信任,因此要将心思放在客户身上,谈他们关心的问题,谈他们的需要,谈如何解决他们的问题;其次要看透客户潜意识的需求,只要他们的需求得到满足,他们的自信心与自我成就感就会提升,同时会间接地提升客户对店铺的喜爱与信任。

那么,建立信赖感最有效的方法是什么呢?简而言之就是重视客户的感受。尽量聆听,因为聆听建立信任,聆听减少排斥。当你专心聆听时,客户就会感觉受到了重视。

7.4.2　会员忠诚度管理

在淘宝网上可以看到,每年都有不少"后起之秀",他们的店铺业绩稳步攀升,越做越红火。那么,他们成功的秘诀究竟是什么呢?在网络购物高度发达的今天,对网商而言,盲目引流已经不是做好网店的基本条件了。关键在于:流量引进来,你能掌握多少?你有没有充分利用这些流量,让其产出最大化?但是,很多淘宝店铺往往做不到这一点,这是由于忽视老客户导致的。

权威机构的研究表明:网店吸引新客户的成本至少是维持老客户成本的 8 倍,而这些老客户几乎创造了店铺 80% 的收入和 90% 的利润。因此,店铺应该把有限的资源放到对重点客户的维护上,细分他们的需求,更加精准地促销,才有可能形成爆炸式的利润增长。

既然你已经知道了维护老客户的重要性,那么怎样才能更方便地维护卖家与客户的长期关系,增强客户的忠诚度呢?

为了解决这个问题，淘宝网给广大卖家提供了一个很好的会员关系管理工具。会员关系管理工具是帮助卖家管理会员的工具。通过会员关系管理工具，卖家可以充分了解会员的信息；针对不同的会员向卖家推荐更合理的营销方式；卖家还可以通过该工具加强店铺和会员之间的联系，提高会员的忠诚度。卖家可以根据客户购买的金额和件数设置会员等级，同时对不同等级的会员设置相应的折扣。会员根据卖家设定的要求成为卖家店铺的会员后，就获得了卖家店铺的会员卡。

会员关系管理工具是收费的服务，需要开通订购后才能使用。具体操作步骤如下。

（1）登录淘宝后台管理页面，单击"软件服务"下的"我要订购"，如图7-23所示；进入订购页面，单击"店铺管理/营销推广"下的"客户管理"，如图7-24所示。

图7-23　单击"我要订购"　　　　　　　　图7-24　订购页面

（2）单击"会员管理"，进入会员管理页面，单击"客户运营"下的"立即购买"按钮，如图7-25所示。

图7-25　会员管理页面

（3）进入订购信息页面，在这里有订购服务的名称、周期、价格等信息。选择需要订购的周期，单击"立即购买"按钮，如图 7-26 所示。

图 7-26　订购信息页面

（4）进入确认订单页面，如图 7-27 所示。

图 7-27　确认订单页面

（5）订购完成后，就可以使用客户运营平台系统了，在"忠诚度管理"下单击"忠诚度设置"，如图 7-28 所示。

图 7-28　单击"忠诚度设置"

（6）进入忠诚度管理页面，在"VIP 设置"后面单击"立即设置"按钮，如图 7-29 所示。

图 7-29　忠诚度管理页面

（7）进入自定义会员体系设置页面，可以设置不同的会员级别，以增强客户的忠诚度，如图 7-30 所示。

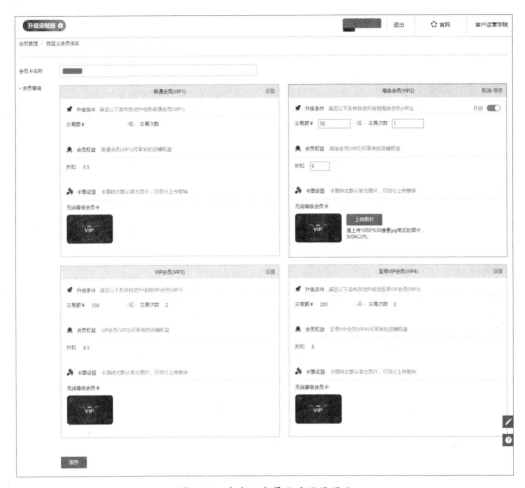

图 7-30 自定义会员体系设置页面

7.4.3 如何维护好客户资源

对于卖家来说，老客户是一种特有的资源，需要精心维护。要主动与老客户联系，把店里的新品介绍给老客户，店里有什么促销活动也要及时通知老客户。一些网店会在年前或年后对老客户进行拜年回访，这样不仅能把新品和网店的最新消息在第一时间告知老客户，也能增进网店和老客户之间的关系，从而有助于网店的生意蒸蒸日上。

做淘宝网店的掌柜一般都很辛苦，有时候网店的利润非常低，但仍有一些客户会讨价还价。有时候还会因为与一位难缠的客户沟通而丧失了与其他客户成交的机会。

我们可以在千牛中单独创建一个组，把类似的客户都放到这个组里面。对于那种几十元还砍价的客户，我们可以选择不与其交易，因为与其交易的过程不仅累且利润低。而对于一些较好的客户，平时有什么特价的宝贝或者促销活动都可以通知他们。

在淡季，卖家可以定期、不定期地发布新产品，以提高店铺的吸引力。如果客户在淡季能够接受店铺提供的新产品及新产品的价格，那么新产品在旺季的销售量就更不用说了，可以想象那一定会是一个供不应求的局面。

7.4.4　留住客户的技巧

一直以来，不论开什么店，如网店、实体店、杂货店、专卖店、大店或者小店，源源不断的客源都是店铺能长期经营、长期盈利的重要保障。对于很多新手卖家来说，最烦恼的事情就是"我的淘宝网店怎么没有人来"或者"客户来了以后怎么不购买"等。

要想留住客户，除了要提供高质量的商品和优质的服务，还有更多的细节需要卖家来努力和深入地了解、开发与实行。

1. 紧随

新客户第一次收到商品后所做出的评价，即使有所抱怨，也要从评价中提取出有用的信息。这样做不仅可以加强你对自己商品缺陷的了解，以及了解该客户的购物习惯，以便以后可以更有效地推荐其偏好的商品，同时也会让客户对你产生一种信任感。

2. 紧追

最好看看客户的购物记录，从中找到客户的购买方向和喜好。如果确定客户喜欢的就是你店铺里商品的风格，就将其列入你的客户列表中，定期进行有针对性的回访，如新货通知、活动公告等。如果发现该客户并没有再次购买的意图，则可以调整一下回访的间隔时间，注意不要太频繁。

3. 紧抓

仅仅记住客户的爱好还不够，接下来要做的就是抓住客户的心。当客户购买了商品后，包装不仅要仔细，而且还可以抽出一点利润来为客户准备一份温馨的小礼品，当客户收到礼品时，不仅会有惊喜，还会有感动。对于老客户来说，赠送同样礼品的惊喜可能不多，所以时常变换赠送礼品的种类也很重要。

当然，对于新客户，我们可以在公告里注明赠送神秘小礼品，以此来抓住客户的心。

4. 精算

站在客户的立场思考，为客户尽量节省每一分钱。为了增加客户购物的次数，卖家可以推出积分制度，比如一件商品可以积 1 分，积累到一定程度可以换购某件商品，或者可以将积分折算成现金来购买本店里的某件商品。这样可以让客户在店里购物时增添一份动力。当然，也可以推出折扣制度，比如"买两件以上包邮""买两件以上八折"等，让客户享受更多的实惠。

5. 精明

在卖东西时，不管卖家的手段如何高明，质量还是最重要的，质量不过关、售后服务不够好，自然不会有客户，更别说回头客了。所以，卖家一定要从自己了解的商品开始做起，宁可做自己熟悉的商品，也不做自己陌生的商品。如果由卖家自己进货，则可以根据客户所提的意见，在下次进货时多看、多查，发现有损坏的要退给供应商，而不是寄给客户，企图蒙混过关。

6. 细心

细心的卖家总是让人难以忘怀。如果有时间，则多与老客户沟通，多了解他们的喜好、性格、购物理念等，把每位客户当成自己的朋友。

7. 更新

如果卖家有能力，那么店铺里的商品最好一周更新一次，让客户时时保有新鲜感，让客户有再次购买的理由。如果客户真的喜欢你店铺里的商品，那么他们有空就会进店里看看；如果你店铺里的商品总是不更新，那么再有兴趣的客户也会流失。

7.4.5　如何维护好老客户

大家都明白这样一个道理：老客户的维护成本是远远低于新客户的开发成本的。那么，如何对老客户进行最合理的维护呢？

（1）提供更多优惠措施，如给予一定的价格折扣或赠送礼品等；经常和老客户沟通，保持融洽的关系。

（2）特殊客户特殊对待。80/20 原则指的是公司 80% 的利润是由 20% 的客户创造的。这就是说，并不是所有的客户对店铺都具有同样的价值，有的客户带来了较高的利润，有的客户对于店铺具有更长期的战略意义。美国哈佛商业评论杂志发表的一篇研究报告指出：多次光顾的客户比初次登门的客户可为企业多带来 20% ～ 85% 的利润。所以，善于经营的店铺要根据客户本身的价值和他们所带来的利润来细分客户，并密切关注高价值的客户，保证他们可以获得特殊服务和待遇，使他们成为店铺的忠诚客户。

（3）提供系统化解决方案。不能仅停留在向客户销售商品的层面上，还要主动为他们量身定做一套适合的解决方案，在更广的范围内关心和支持客户发展，增强客户的购买力，扩大其购买规模，或者和客户共同探讨新的消费途径和消费方式，创造和推动新的需求。

（4）建立客户数据库，与客户建立良好的关系。在信息时代，客户通过互联网等各种便捷的渠道可以获得更多更详细的商品和服务信息，使得客户比以前更加聪明、强大，更加不能容忍被动的推销。此时，与客户的感情交流成为店铺用来维系客户关系的重要方式，如日常的拜访、节日的真诚问候、过生日时的一句真诚祝福、一件小赠品等都会使客户深为感动。交易的结束并不意味着客户关系的结束，在此之后还必须与客户保持联系，以确保他们对店铺的好感能够持续下去。客服需要快速地和每位客户建立良好的互动关系，为客户提供个性化的服务，使客户在购物过程中获得商品以外的良好心理体验。

（5）与客户进行深入沟通，防止出现误解。客户的需求不能得到切实有效的满足往往是导致店铺客户流失的主要原因。一方面，客服应及时将经营战略与策略的变化信息传递给客户，便于店铺有关客户工作的顺利开展。同时收集客户对店铺商品、服务及其他方面的意见和建议，并将其融入店铺各项工作的改进之中。这样，既可以使老客户知晓店铺的经营意图，又可以有效地调整店铺的营销策略以适应客户需求的变化。另一方面，客服要善于倾听客户的意见和建议，建立相应的投诉和售后服务沟通渠道，鼓励客户提出意见，及时处理客户的不满，并且从尊重和理解客户的角度出发，站在客户的立场上思考问题，抱着积极、热情的态度处理问题。同时也要跟进了解客户，当出现问题时，要采取积极有效的补救措施。

7.5　习题

一、填空题

1. 客户关系管理是一个不断 _____，不断了解客户需求，并不断对 _____ 和提高，以满足客户需求的连续的过程。

2. 客户关系管理不仅仅是一个软件或者一种制度，它是 _____、_____ 和 _____ 的综合，是一种商业策略。

3. 店铺所做的一切都是为了做好客户关系管理。要知道，客户就是店铺的"上帝"，任何人都希望到一家店铺可以 _____、_____，并且享受良好的售前、售中、售后服务。

4. 付费流量指的是访客通过淘宝内付费流量渠道进入店铺，进入途径有 _____、_____、_____、_____ 等。

5. 淘宝网上千千万万的"淘友"按照自己的兴趣爱好聚集在一起，含有淘宝武侠特色的群体就叫作 _____。

二、简答题

1. 什么是客户关系管理？

2. 如何做好客户关系管理？

3. 如何进行客户分析及备注？

4. 怎样进行会员管理？

5. 如何利用客户群组工具？

6. 怎样维护好客户关系？

反侵权盗版声明

电子工业出版社依法对本作品享有专有出版权。任何未经权利人书面许可，复制、销售或通过信息网络传播本作品的行为；歪曲、篡改、剽窃本作品的行为，均违反《中华人民共和国著作权法》，其行为人应承担相应的民事责任和行政责任，构成犯罪的，将被依法追究刑事责任。

为了维护市场秩序，保护权利人的合法权益，我社将依法查处和打击侵权盗版的单位和个人。欢迎社会各界人士积极举报侵权盗版行为，本社将奖励举报有功人员，并保证举报人的信息不被泄露。

举报电话：（010）88254396；（010）88258888

传　　真：（010）88254397

E－m a i l： dbqq@phei.com.cn

通信地址：北京市万寿路 173 信箱　电子工业出版社总编办公室

邮　　编：100036